迷わない。完全版

107歳の母を看取って

櫻井よしこ

文春新書

1351

完全版に寄せて――心の一番やわらかいところに母がいる

朝。

目醒めると母の部屋を訪れます。軽く扉を叩いて入る――母はもういなくなったけれど、それがずっと続いていた習慣だから、「お母さん、よしこですよ」というサインを送るのです。

部屋は母がいたときのままです。

壁には母と一緒に行ったバラ園や桜並木、一緒に訪ねた八百屋さんやお菓子屋さん、皆で賑やかにお茶をしたレストラン、大勢のお客さんと共に祝った七月七日の誕生会の写真などを飾っています。そこには母を中心に、亡くなってしまった兄が元気なときの姿で写っている。兄嫁、姪や甥、お友達、秘書をはじめとする私のスタッフ、介護の人たちもみんないます。

どの写真もみんな好きです。

両脇を支えられて歩く練習をしたときの写真は、喜びに溢れた母の表情を写しています。「いち、に、さん、し、……」、介護の人たちや秘書たちも総出で、拍手をし号令をかけて励ましました。母は、ドクターに寝たきりになってしまうと言われたのですが、そんな暗い見通しを、自らの努力でひとつひとつ吹き飛ばしていきました。

皆の拍手に合わせて、居間の一番奥のソファまで、母の部屋から六十歩から八十歩を歩く。歩く。歩く。そして遂《つい》にソファに辿り着いたとき、誇りに満ちたよい表情を見せてくれるのです。達成感に溢れた笑顔です。

もう一枚は、テーブルについて、真剣な顔で食事をしているときの写真です。

母はくも膜下出血と髄膜炎を患い、ドクターから歩くことも含めて自分で行動することは難しいと言われた「病人」でした。けれど決して諦める人ではなかった。左手に小さな器を持ち、右手でお箸を持つ母のその右手の動きに、私をはじめ皆が息を呑む気持ちで集中したときのことを想い出します。ここまで回復するなんて、奇跡です。

明るく前向きな母は、母の真髄が詰まったたくさんの言葉を私に残してくれました。

「どの人も皆、神様に愛されて生まれてくるのよ」と母は言いました。「どんな人も幸せになるように生まれてくるのだから、決して人の不幸を願ったりしてはいけない」と戒めてくれました。

「人間に生まれてきたからには、その人その人に天から与えられた使命があるのだから、自分の希望や夢を大事にするように」と言い、「少し失敗したからといって、希望を持ち続ける勇気は失ってはいけない」とも教えられました。

「目標を達成するには努力が必要で、努力は実は皆がしていること。その中で他の人とは異なった成果を上げたいのなら、一日は誰にとっても二十四時間しかないのだから、そのつもりで時間を無駄にせず、努力しなければならない」とも教えてもらいました。

「人間関係は鏡に映る自分の姿そのものなのだから、うまくいかずに悩んだらまず自分を見つめることが大事だ」とも諭されました。「よいことも悪いことも、源は自分にあることをわきまえなさい」ということです。

　言われてみれば、どれも真実で、どれもどこかの本に書かれている内容です。どの家庭でも親が子供に言い聞かせるであろうことを、母は言い聞かせてくれました。そして、母は自分の言葉を実践してみせた人でした。

　本書でも少し触れているように、母は苦労の多い人生を歩みました。

　しかし、あらゆる苦労を明るい気持ちで乗りきった人でもあります。諦めずに努力し、大事な時には大英断を下した。そうした母の姿を見ながら私は育ちました。

子供の頃から多感な中学、高校の頃まで、私は折に触れて母の言葉と行動で教えられました。

反抗期のときも、母はあわてず静かに対応してくれました。大人になり、私が一端《いっぱし》の口をきくようになってからはニコニコしながら諭してくれました。

母の言葉と生き方そのものが私の心に勇気を呼び起こしてくれる。何よりも私を前向きの発想に導き、積極的に生きるように励ましてくれていると思います。

こんなに大好きな母は平成三十年に、百六歳と十か月で亡くなりました。

今年は令和四年、丸三年が過ぎました。

それでも朝、覚醒寸前のぼんやりした意識の中で私はときどき想うのです。「お母さん、今日のご気分どうかしら」と。そしてはっとします。「あっ、お母さんはもういないのよ」と。

気持ちの中では母はまだこの家に私と共にいてくれるのです。

私は障子を開けて、私の部屋のはす向かいにある、わが家の一番陽当たりのよい部屋を覗いてみます。

障子が閉まっている。そこで急いで母の部屋に行き、トントンとノックして障子を開けて朝の光を入れるのです。神棚にいらっしゃる母に挨拶をします。挨拶はほとんどいつも「ありがとうございます」という感謝の気持ちの表明です。

たとえその日、難しい問題を抱えていても、母に「お守り下さい」とは願わないようにしています。

母の霊魂はこの家のどこかにとどまっていて、見守って下さっていると私は信じているので、私が「どうか手を貸して下さい」とか「お守り下さい」と願えば、母の霊魂は全力でそうしてくれるでしょう。本当に一所懸命にそうしてくれるでしょう。しかしそれは百七歳の母に余りにも負担をかけることです。そんなことは、私にはできない。

ここまで育てて下さったのです。私はもう大丈夫。だから、大丈夫なように育てて下さったことにお礼を言って、そこから先は自分を信じて最善を尽くすのがよい。そんな私であって、母は初めて安心して見守ってくれるはずです。

三年がすぎても、母への懐かしみや想いはうすれません。

心の一番やわらかい優しいところに母がいてくれます。心の一番やわらかいところに母がいるために、ひょっとしたことで思いがけずに涙がこぼれることがあります。

涙って不思議ですね。意識しないのに、パーッとこぼれてくる。人前でそんなことになると、私は大いに慌てて、とめようとするのですが、そんな時に限って理性の仕組みはなかなか働かないのです。

だからといって、哀しみに耽《ふけ》っているわけではありません。母との別れの哀しみから確実に立ち直っています。

一年ほど前、母の洋服や着物の整理に取りかかりました。

季節ごとにお洒落を楽しんだ母が身につけたものは、母そのものです。そうした物を着て下さる人たちに、サイズや趣味を考えながら受けとって貰います。その整理が随分と進みました。進んでいくにつれ、母が喜んでいるような気がしました。

私はあと何年くらい仕事ができるのか。人間だから何があるかは分かりませんが、自分のためだけに頑張る時期はとっくにすぎています。自分の力を他者のために役立てなければバチが当たる年齢です。母が、その一生の最も貧しかった時にも、ご近所のもっと貧しい家庭の子供たちを優しく受け入れていたように、どんな形でもよいから他者のために働く自分でありたいと思います。

百七歳の母のお世話も一区切りついて、さまざまな意味で生まれた余裕を前向きに活用していきたいと考えています。

そんなふうに思いながらも、私の生活は締め切りに追われ、約束事を果たすために忙しく過ぎていきます。毎日、思うようにいかないことも、失敗もあります。けれど、その度に反省して、また頑張るのです。

今日も、一日の終わりに母の部屋に行きます。トントン。

「お母さん、一日、ありがとうございました。また、明日も頑張ります」

部屋の電気を消して、母も私もこうして眠りにつきます。

令和四年一月十九日

迷わない。完全版——107歳の母を看取って◎目次

第4章　目指すは「食う、寝る、歩く」の三冠王――「健康」とは

第7章　107歳の母を看取って――「家族」とは

兄を喪って思ったこと

「明治の日本人」だった母

母が倒れる

親は娘と暮らすのがいい

母との約束

今日できたことに感謝しよう

仕事も介護も

自分が倒れたら元も子もない

表情と笑顔で会話

母との生活から学んだこと

介護人材の問題

娘だからこそわかること

食事とお酒を楽しむ
居住まいを整える
「病人」ではない
家族と過ごすのが一番
最大の犠牲者は高齢者自身
自立と共助の精神を取り戻そう
せっかく長寿なのだから
日本人の幸せのかたち

第1章

「2DK貧乏記者」からの出発——「働く」とは

最初に、仕事についてお話ししていくことにしましょう。

私は自分の仕事としてジャーナリズムを選びましたが、そこにはいくつかの偶然と出会いがありました。どのようにして、私が自分の職業を選んだか、それはどんなきっかけから始まったのかを知っていただければ、夢をもつということがどれほど力強い風となって、あなたを後押ししてくれるかがわかっていただけると思います。

駆け出し記者の誕生

私の中に社会的な問題意識というべきものが芽生えたのは、ハワイ州立大学を卒業して帰国し、「クリスチャン・サイエンス・モニター（CSM）」紙の東京支局に就職した時点といっても過言ではありません。一九七一年、昭和でいえば四十六年です。当時は二十代でした。

それまでの私は、ジャーナリズムへの関心はありませんでした。帰国当初の私には、

「ちゃんと仕事を見つけて、働くことができるのだろうか」「私は自立できるのだろうか」ということが重要な課題でした。

ハワイから戻って就職活動に関しては西も東もわからない中で、私はハワイ大学時代のご縁から、米国東部のＣＳＭの東京支局に職を得ることができました。

東京支局といっても、支局長のエリザベス・ポンドさんと私の二人だけです。オフィスは、ポンドさんの暮らす麻布にあった住宅の一室でした。ここで私はポンドさんの助手として仕事をはじめることになりました。

最初はポンドさんの書く英語の記事を読んで、それを理解するのに懸命でした。大学を出たての私に、ポンドさんの送る「東京特派員電」の価値を論評することなど到底できるはずがありません。

その日の朝にテーマを決めて取材をして、夕方までには書き上げる。あるいはあらかじめ記事案を決めて、何日もかけて取材をして長文の原稿をまとめていく。その鮮やかな手際を見つめながら、私はこの知的な女性支局長の下で働くことの幸運と働き甲斐を実感していました。

私がポンドさんの仕事ぶりに魅せられたもう一つの要素は、彼女の「真剣さ」でした。

彼女が灰色がかった青い瞳でじっと一点を見つめて物事を考えるとき、周囲には緊張感が走ります。ノートに、記事に盛り込むべきいくつもの要素を書き出しながら、あるいは取材で押さえておくべき点をリストにしながら、唇を真一文字に結んで考えるその姿が、私は好きでした。

　構想を練って情報の整理が終わると、鉄砲玉を撃つような速さでタイプを打っていきます。そうして生まれる文章は、簡潔明瞭で非常に伝わりやすいものでした。

　しかし、それだけではありません。彼女がＣＳＭの特集で日本を扱うようなときの記事は、普段の新聞記事よりもずっと長い文章で、また一捻りも二捻りもした、複雑で美しい表現が多用されていました。

　ペンと紙だけあれば、そして自分の中に物事を知りたい、伝えたいと思う熱い心さえあれば、このすばらしい女性のようになれる。そう感じさせてくれたのがポンドさんでした。

　圧倒的な存在感を有していたポンドさんの書く記事を、私は毎日熟読しました。そうした中で、二十代の私の価値観は大きな影響を受け、形成されたと思います。

「クリスチャン・サイエンス・モニター」はボストンのリベラルな論調の新聞でした。ポンドさんも、いま振り返れば、典型的といってよいアメリカ東部エリートのリベラルな主張でした。

彼女は、東京へ来る前は戦火が続いていたベトナムで特派員を務めていた非常に優秀な人です。東京赴任後のポンドさんの土台にはクリスチャン・サイエンティストとしての教会を通じての人脈があり、一方で、ライシャワー元駐日米国大使夫人を含む、いわゆるエリート層の友人たちがいました。

日本に対する視点は非常にあたたかく、しかし同時に、日本を教え導こうとするものだったというのは言いすぎでしょうか。日本の文化や伝統に対する限りない関心と賞賛の中に、微妙な、民主主義や男女平等を確立した国としての価値観の優位性がにじんでいたように思います。

しかし、二十代の単なる助手だった私には、その微妙な感覚を言語にして表現する能力は到底、ありませんでした。ちょっと違うのかもしれない、これはアメリカ人の物の見方かもしれない、では日本人の見方とは何だろうと考えながらも、日々の私は助手としての仕事に全力投球していました。鉛筆を削ったり、コピーを揃えたり、電話で取材のアポイントメントを取ったり、お弁当を買ってきたり、ポンドさんの要望を、いかに疎漏なく果たすかに必死でした。

まさに修業時代でした。新聞の切り抜き、雑誌記事の翻訳、ポンドさんがお出かけの際は洋服に合わせて靴を出したりタクシーを呼んできたり、コマネズミのように、よくそこまで気が付いたと自分でも思うくらい動き回りました。

「振り出し」で学んだ基本精神

人間を体育会系と文化系に分けるなら、私は少なくとも精神的には体育会系でしょう。「行け」と言われると「はい」とまず返事が出てきて、さっと飛び出して走りながら考える傾向があります。

社会人になって初めての本格的な仕事がアメリカのメディアでの仕事だったことは、ジャーナリズムのよい面を学ぶうえで幸せだったと思います。社会人一年生として、ことの是非を論ずる前に、まずジャーナリズムの基本を叩き込まれました。いわば闘うための土俵を自分で作っていく作業です。土俵はフェアプレーを可能にするものでなければなりません。

それはジャーナリズムではどんなことを意味するのでしょうか。

私がポンドさんから教わった基本の第一は、取材相手に借りを作らない、ということです。取材のときに相手からお茶一杯の代金も払ってもらってはならないということから始まって、それはずいぶん厳しいものでした。

　ポンドさんはとても潔癖で、お茶代を払ってもらうこともないのに加えて、お歳暮やお中元の菓子折りが届いても、送り返す人でした。

　あるとき、日本の幼児教育をテーマに保育園と幼稚園を取材した帰り際に贈り物が差し出されました。辞退すると、後で郵送されて来ました。ポンドさんは贈り物を救世軍にそのまま寄付し、寄付の証明書を受け取るよう私に指示しました。その証明書に、

「頂戴した品物はこのような形で社会に役立たせていただきました。お気持ちに感謝します」

　というカードを添えて、贈り主に郵送したのです。

　アメリカのジャーナリズムは取材に関連して物品を受け取ることは決してありません、というピューリタン的な価値観を、確実に相手に伝えたわけです。そこまでこだわるのかと驚くこともありましたが、その方針は徹底していました。

　それに比べると日本のジャーナリズムは、ずいぶんと緩やかだと思います。

「金権政治」というレッテルが貼られているのは田中角栄元首相ですが、その田中氏の手

法を非難した後任の三木武夫氏は、その評判どおり本当に「クリーン」だったのかといわれれば、どうでしょうか。三木氏は外遊の帰りには、免税店で一本何万円もするネクタイを棚ごと買い取って番記者たちに配ったという話を、氏の秘書から聞いたことがあります。たかがネクタイ一本に、めくじらを立てるのはどうかと言われるかもしれません。しかし小さなことのようでも、大切なことだという点を、私は日々、徹底して教え込まれたわけです。

小間使いもヒントの宝庫

ポンドさんに学んだもう一つ大事なことは、取材のしかただと思います。

取材にあたって、少なくとも三十項目ほどの質問を用意するのです。それを私が通訳するわけです。最初の質問はジャブを軽く放つような感じです。次第に手数を出しながら相手をコーナーへ追いつめて行くプロセスを、毎日のように繰り返す中で、おのずと記者というのはこのようにして情報を精査していくのだと実感させられました。

まさに実地の勉強です。大学のスクール・オブ・ジャーナリズムで習うようなことを、お給料を貰いながら学ばせていただいた私は、本当に幸運だったと思います。

上司のために洋服や靴を揃えるなどという雑用はジャーナリストの仕事ではない、と嫌う人がいるかもしれません。

でも考えてみましょう。総理官邸に行くときはどんな服を着るのか、アクセサリーはどうするのかも、その過程で学べるのです。いまは支局長のポンドさんが主役ですが、いつか自分も首相と対等の立場で取材できるようになれるかもしれません。無論、当時はそんなことは考えませんでしたが、取材現場は、大学でも学べない大事なことの宝庫でした。

いま若い人が、自分に合う仕事がないと不満を言うことが多いとしたら、それは自分の能力や才能をあまりにも過小評価し、同時に、自分の周りにあるチャンスを見逃していることが理由だと思います。

人間には、自分が気づいている得手な面よりも、はるかに多くの得手な面が実はあるのです。自分の得意な面を生かせる仕事がない、適性がないと言っても、自身が全然気づいていない才能だってあるでしょう。それが、嫌だと思った仕事で意外に引き出されるかもしれません。言われたことを選《え》り好みせずにやってみたら、他の人より上手にできたという結果だっていくらでもありうるでしょう。

ですから自分に合う仕事はこれだけと決めつけてしまうのは、あまりにも自分に対する過小評価で、もったいないと思います。自分には何でもできる、試してみようと、発想を切り替えれば、きっと新しく、広い地平が開けます。

気の進まない仕事を押し付けられるとプライドが傷つくという人もいるかもしれませんが、気の進まない仕事が未来永劫つづくわけでは、たぶんありません。嫌いな仕事も、やってみると意外に新しい世界が開けるかもしれないと、前向きに考えて試してみることです。新しい挑戦を受けて、自分は雄々しく取り組んでいるのだと考えれば、プライドが傷つけられるなどという思いも消えていくと思います。

もっといえば、プライドが傷つくというのも、自分に対する過小評価ではないでしょうか。自分のプライドはこんな小さなことで傷つくはずがない、もっと大事なことにプライドを懸ける、私はもっと大きな人間なのだと自分に言い聞かせてみましょう。たくさん用を言いつけられれば、それは自分が高く評価されている証拠だと確信しましょう。

そう確信してよいのです。なぜなら、普通、嫌な人には用を言いつけないものでしょう？

初任給は高いか、安いか？

クリスチャン・サイエンス・モニターで働くにあたって、最初に提示されたお給料は、月一万円でした。同じとき、ニューヨーク・タイムズの助手のお給料が月額十二万円だったことは、後になって知りました。

私はハワイから帰国したばかりで、日本の物価水準がわかりませんでした。ハワイは物価が高かったことに加えて、一ドル三百六十円の時代ですから、その換算率で考えると、日本は何もかも安いという印象がありました。

ですから一万円でもいいのかしらと思いましたけれど、少し考えて、それではとても困るのではないかと感じました。たしかその年の大卒初任給は四万三千円くらいだったと思います。それでポンドさんに言いました。

「一万円では、少し安いと思います」

「あ、そう。では五万円にしましょう」

と、一気に上がってしまったのです。これをどんぶり勘定と言うのでしょうか。

ポンドさんは、先述のように、前任地のベトナム駐在を終えて、日本に来たばかりでした。ベトナムも物価が安いですし、彼女も日本の生活がよくわかっていなかったのでしょう。わからない同士が一緒に仕事をするわけですから、そのへんは大雑把にならざるを得なかったのです。

仕事をはじめた当初は、母と兄が暮していた千葉の家に同居し、麻布のオフィスまで、国鉄と地下鉄を乗り継いで片道一時間半かけて通っていました。しかし私は夜遅くまで仕事していましたから通勤に不便なこともあり、兄の結婚をきっかけに世田谷区の三宿にアパートを借りました。六畳と四畳半に台所とお風呂がついた２ＤＫの間取りでした。

昔から、落語でもお芝居でも、一家の跡取り息子が結婚して問題が起きるのは「意地悪な小姑《こじゆうと》がいるからだ」と相場が決まっています。小姑なんてものはついついお節介になりがちですし、広くもない家に同居すればちょっとしたことでも摩擦の種になりやすいのです。

夫婦ならどんなに喧嘩しても水に流すことができるけれど、嫁と小姑ではそうはいかないでしょう。一番よいのはなるべく遠くに住むことだと、昔の人は噺の中で上手に生活の知恵を伝えています。

そこで私は、兄の結婚の前に引越しました。それは正解だったと思っています。大切な人、親しく打ち解けたい相手であればあるほど、適度な距離を保つのがよいと思います。

三宿のアパートは、もともと私の親友の大谷和子さんが弟さんと暮らしていたのですけれど、彼女は立派なマンションを買って引越しました。そこで「よしこさん、後に入ったら？」と勧められたのです。

家賃は月に二万七千円でした。月五万の給料の半分以上で、他に光熱費や電話代が掛かりますから、手元にはいつもほとんどお金がない状態でした。しかしそれでも不思議と楽しく、忙しく暮らしていました。お金はなかったはずなのに、貧乏だとか、困った思いをした記憶がないのがおかしくもあり、不思議でもあります。

清貧、されどささやかな贅沢

お金がなくても打ちひしがれることはない――それが若さということなのでしょうか。もう一つ、お金も、ハンドバッグも、靴も洋服も、私は最小限のもので充足していました。あまり気にしなかったといえば、そう言えます。これもまた、若さなのでしょうか。

でも、あまり気にしないとはいっても、お金がなくなって困ったこともありました。あるとき、本当にお財布の中にお金がまったくなくなってしまったので、タクシーに乗って会社へ行って、タクシー代も含めて前借りしました。これが私のした、ただ一度の前借りです。

ここでちょっと話はずれますが、物書きの中には、本を出版する前に出版社に前借りをする人がいるそうです。出版にあたっても、ホテルや出版社の保有する別荘などに、いわゆる「カンヅメ」になって日夜、編集者に見張られながら書く人もいるそうです。そんな、ちょっと崩れた体験を一回ぐらいしてみたいと思わないでもありません。でも、一瞬そう思って、すぐに私の考えは変ります。そんなデカダンスなんてつまらないな、と思うのです。それが私の生真面目さであり、ひとつの限界なのでしょう。

米国紙の東京支局の貧乏な助手が、何はなくとも楽しく仕事ができた理由のひとつは、じつは外国人特派員の励ましもあったと思います。彼らは直接の上司ではありませんでしたが、一介の助手の私を「ジャーナリズムを志す若い人材」とみて、本当にいろいろな機会に時間を割いてくれました。

二〇一三年四月に亡くなったサム・ジェームソンさんもその一人でした。彼はよくこう言ってくれました。

「君は壁の花のようにおとなしいね。でも、きっとそのうちに、君なりの主張がたくさん出てくるよ」

彼はそれから何年かして、私が記事を書きはじめると、そのこと自体をうんと後押ししてくれました。「サム」と私は彼を呼びましたが、サムとの友情はやがて家族ぐるみの友情に発展し、すばらしい友人として三十年以上のお付き合いができたことは、本当に幸せだったと思います。

もう一人、分け隔てなく、ジャーナリストとしての自分を励ましてくれた特派員に、南ドイツ新聞のゲプハルト・ヒルシャーさんがいます。ヒルシャーさんと私の考え方は必ずしも一致しませんでしたが、それでも彼は女性の自立ということを当時からたびたび口にし、さまざまな問題について多くの助言をしてくれたものです。

特派員の人たちはおおむね議論が好きで、好奇心の強い人たちです。問題提起をすれば、面白いように議論が弾んでいきます。駆け出しの助手にとっては、知的刺激にあふれていた環境があったわけです。

またその頃はいろいろな先輩がよくご馳走してくれました。私をポンドさんに紹介してくださったのは共同通信のニューヨーク、ワシントン特派員として海外取材の長かった松尾文夫さんですが、松尾さんには国際文化会館でカレーライスをご馳走になりました。お酒もいつも、先輩もちでした。

当時は外国人記者も日本人記者も酒と煙草に強い人が多く、駆け出しの私も引けをとることなどできません。いま振り返ると、とても一人前などではありませんのに、そんな顔をして飲み歩きをしました。

お金のない中で私の贅沢は、本でした。三宿の交叉点にあった古本屋は、私の楽しみの空間でした。

あのころの私はリベラルな考え方をしていました。ポンドさんの人脈もそうでしたし、時代背景も若さも、リベラルを推し進める要素だったことでしょう。そんな思考にあわせて、雑誌「世界」などを毎号読んでいました。

その頃の自分自身のひとつのイメージが戻ってきます。

休日の朝、目覚めるとベッドから滑りおりて、ベッドを背もたれにして読みたい本を読み始めます。一冊読み終わるまで、そのままの姿勢で、食事もせずに読み通す。気がつくと外は暗くなって一日が終わっていた。そんなことがよくありました。

じっと同じ姿勢で一日すごすことも、読み通すことも、基本的に体力が必要です。であれば、あの集中力も若さゆえだったのでしょうか。

こんなふうにして、修業時代は過ぎていったのです。

日本のマスコミへの驚き

三宿の小さなアパートでは、時々パーティを開きました。社の垣根をこえた同業者や仲間が集まりました。日本の大手新聞社の記者は社旗を立てたハイヤーで来ました。古びた小さな建物の前に、社旗を立てたハイヤーはなんとなくそぐわない感じがしました。けれど記者はハイヤーをパーティの間、二、三時間も待たせておくのです。

吃驚《びっくり》しました。彼我のメディアのあり方は随分違うなあ、と感じました。同世代の、日米あるいはフランスやイギリスの新聞社や通信社の記者が集まって話そうというのに、なぜ社旗を立てたハイヤーなのか。近年は経費削減でこんなことはできないかもしれませんが、どんなことに関しても、人間は簡素を心がけるのが一番よいように思います。

クリスチャン・サイエンス・モニターの助手時代、日本の大新聞の社長のお嬢さんと、麻布十番で昼食をご一緒したことがありました。彼女は私にきついことを言うのです。

「ハワイ大学卒なんて、もう終わりよ。ハーバード大学やエール大学に比べると、三流四流の大学でしょ。あなたの人生、先がありません。メインストリームには入れないのよ。とくに外国の新聞支局のアシスタントなんていうのは、将来性がまったくないわね」

この方は、お父様がマスコミの世界で大層著名な方ではあっても、自身はジャーナリズムの世界とは無縁です。それなのに、本当にきついことをたくさん、私に言うのです。私は行儀よくお相手しましたが、それは彼女の遠慮のない言葉が、一面の真実を射抜いていたからです。

当時は外国の大学の卒業証書も、外国の新聞社の助手も、外国メディアで働く女性記者も、全く認められていなかったのです。その意味では、私は「将来性がまったくない」存在だったのです。だからでしょうか、ほとんど誰も私を敵視したことはなかったと思います。したがって、私は女性であるためのキャリアにおける苦労も、外国メディアで働くことへの偏見も、ほとんど感じることはなく、思う存分仕事ができましたし、楽しめました。人生って、ほんとうに面白い展開をするものですね。

他人の評価を気にするな

私が勤めはじめてから三年後の一九七四年九月、クリスチャン・サイエンス・モニターの東京支局が閉鎖されることになりました。ポンドさんは西ドイツ（当時）のボン支局長に転任するのです。そこで私は、フリーのジャーナリストになる決心をしました。

私の再就職先を心配するポンドさんにそのことを伝えると、ポンドさんは、

「それは、とても難しいと思うわ」

と危ぶみました。ジャーナリズムの基本を教えてくれたポンドさんの言葉ではありましたが、私の心は決まっていました。母は常々、言ってくれていました。

「他人の評価を変えることはできないけれど、あなたには自分を証明することができます。他人の評価に気を取られる必要はありませんよ」と。

難しければ難しいほど、チャレンジのしがいがある。私にはきっとできるような気がする。そんなひたすら前向きの思いと確信が、私の胸を充たしていました。

ペン一本とノート一冊を持って、どこへでも取材に行き、どんな権力にも財力にも圧倒されずに署名入りの記事を書く。私は一人前の記者になる。夢で胸が高鳴っていたのです。

夢はかならず実現する。それは当時も今も私を貫く思いです。二十代だった私は、とりわけ純粋に夢の実現を確信していました。新たな挑戦に武者震いしました。

情報源を失ってまで守るべきものとは

ジャーナリズムへの私の思いをそこまで深めるきっかけとなった〝事件〟があります。

私の目の前で展開された、ポンドさんの鮮烈な行動です。

一九七三年八月八日午後、韓国の野党政治家で大統領候補でもあった金大中氏が、東京・九段のホテルグランドパレスから忽然《こつぜん》と姿を消しました。拉致されたのです。世にいう「金大中事件」の発生でした。

ポンドさんの動きは迅速でした。翌日すぐに、田中角栄首相の大番頭だった早坂茂三秘書官に面会の約束をとりつけ、首相官邸に乗り込んだのです。彼女は開口一番、

「日本政府は金大中氏の生命を保障せよ」

鋭い目つきで早坂氏を睨《にら》みつけながら言いました。

「金大中氏の連行は、韓国官憲の犯行に違いない。韓国の公権力が日本であのような犯行に及ぶからには、日本政府も事前に知っていたに違いない」

それまでに私が同行した多くの取材で通訳する際、ポンドさんの問いに私なりに言葉を添えたり、表現を修正したこともありました。日本人の感覚からして、あまりに直截《ちょくせつ》的すぎる質問も少なくなかったからです。

しかしこの日、私は一切修正すべきでないと、咄嗟《とっさ》に判断しました。言葉も声の調子も、できるかぎりポンドさんの表現のまま、英語から日本語に置き換えました。

早坂氏は烈火のごとく怒りました。

「言いがかりである。どんな証拠があるのか。返答次第では只ではすまない」

怒りで巨体をこわばらせていた氏の言葉も声音も、私は修正なしで英語に置き換えました。ポンドさんは少しも怯《ひる》まず、

「金大中氏の命を保障せよ。それが日本政府の責任である。金大中氏に万が一のことがあれば、私は民主主義を信奉する米国のジャーナリストとして、私の力の限り日本政府の責任を追及する！」

私も全力を振り絞って早坂氏を睨みつけながら言いました。

「力の限り追及する！」

「無礼である！」

と早坂氏。私は、それを訳してポンドさんに、

「アウトレージャス！（outrageous!）」

「米国の民主主義はこの蛮行を許さない！」

ポンドさんは裂帛《れっぱく》の気合です。私も、

「許さない！」

と烈しい口調で訳しました。早坂氏がついに怒鳴りました。

「出て行け。いますぐ。お引き取り願おう」

「出て行け。いますぐ。……」

と、私はポンドさんと私自身に、英語で怒鳴りました。

ポンドさんがサッと席を立ち、私も従いました。

首相官邸を追い出された私たちは、官邸脇の坂道をとぼとぼと下り、外堀通りをはさんで反対側にある共同通信のビルに向かいました。当時、クリスチャン・サイエンス・モニターはこのビルの中にあったロイター通信からすべての記事をテレックスで、ボストンの本社に送っていたのです。

八月九日、暑さもひとしおだったはずです。しかし私は全身の血の気が引いてしまって、手は氷のように冷たくなっていました。二人分の激論を、通訳として私は一人で再現していたのです。その緊張に圧倒されました。

ポンドさんの表情は硬く、頬は蒼白でした。口は真一文字に結ばれています。しばらく歩いてから、ポツリと言いました。

「将来、あなたがジャーナリストになりたいと思うなら、今日のこの体験を決して忘れてはなりません」

私にとって、忘れようにも忘れられない言葉です。

「ジャーナリストにとって命を賭けて守らなければならないニュースソースでさえ、自分の価値観、信念を賭して戦うために切り捨てなければならないことがある。一生に一度か二度、そのような決断をしなければならないときがある。今日が私にとってその日だったことを知っておいてほしい」

首相官邸に陣取る早坂氏はポンドさんにとって重要な情報源で、良好な関係を築いていたのです。その人物との関係を断ち切ってでも、金大中氏の命を守るために踏み込んだ行動をしなければならない、と決意したのです。

当時の米欧や日本の記者たちは、金大中氏を、朴正熙韓国大統領の専制政治に対抗する「民主主義の担い手」と位置づけていました。だからこそ、ポンドさんは言論人として自分の価値観を守り、信念を貫くために行動しなければ、自らを支える柱を失うことになると考えたに違いありません。

金大中氏に関する評価は、その後かなり変りました。民主主義の担い手ではなく、北朝鮮の金正日総書記に、表に出せない資金、五億ドルを渡して南北首脳会談を開いてもらうなど、北朝鮮や金正日にベッタリの政治姿勢は、氏を支えていた民主主義の信奉者には手ひどい裏切りでした。

けれど、ポンドさんも世界も、当時は金大中氏を信じていました。そして私はポンドさんの闘う姿勢に深い感銘を受けたのです。官邸での苛烈な攻防を体験し、緊張に圧倒されましたが、それでもこれほど雄々しく、そして美しく、一人で挑戦する彼女のようになりたい――そう切望したことを、昨日のことのように思い出します。

採用企画は「売り込みリスト」の最終行

さて、フリーランスになったといっても、仕事があるわけではありません。当然です。世間は「桜井良子」（当時はこのペンネームでした）というジャーナリストが存在することすら知りません。仮に知られていたとしても、どんな取材をして、どういう記事を書くのかは未知数です。

そこで、私がはじめたのは「売り込み」、いうなれば営業活動でした。

まず記事案をリストにして、新聞社や出版社の編集長宛に送るのです。当初の案は「日米関係の展望」とか「日本の安全保障の問題点」とか、大雑把でつまらない、いま思い出すと赤面するようなものばかりでした。こうしたテーマには、その道のスペシャリストがすでに大勢います。彼らには、高い専門性や、長年の経験によって培われた豊富な取材源があります。こうしたジャンルに、駆け出しの一年生が挑もうとしても、高い壁が立ちはだかっているのは言うまでもないことでした。

そこで「ミクロで具体的なテーマのほうがいい」と先輩記者に教えられ、いくつかそういう記事案を追加しました。二十本分の案を数社に送りましたら、たった一社、アジア新聞財団（ＰＦＡ）から採用の返事が来ました。採用されたテーマは、あまりにミクロだと逡巡した挙句、リストの最後に加えた「草魚の稚魚の放流」でした。

「埼玉県の水産試験場が草魚の稚魚の孵化《ふか》に初めて成功した。この稚魚を川に放流すると短期間で大きくなる。魚肉は白身で淡泊、美味。孵化の技術を発展途上国が習得すれば、増大する人口に安価なタンパク源を供給できる」

という趣旨です。

採用されたのが嬉しくて、さっそく取材に走りました。はるばる水産試験場まで電車とバスを乗り継いで出かけ、職員を質問攻めにしたり、淡水魚や養殖魚全般についても調べて、学者に草魚の性質を聞きに行ったり、夢中でした。

そうして送った記事が、イラスト入りで掲載されました。「YOSHIKO SAKURAI」と署名が入っています。私の署名記事第一号です。それをコピーして、母にも兄にも義姉にも見せました。友人たちにも配ったと思います。母は、

「あなたにはきっとできるとお母さんにはわかっていましたよ。夢は叶いますからね、大丈夫よ」

と誇らしげに祝ってくれたものでした。

デビュー原稿は大赤字

本当に夢は叶うのだ、と喜びを噛みしめながら、改めて私は計算してみました。原稿料は百ドル。当時の為替レートで三万六千円です。しかし、わかっていましたが、いざ取材費と突き合わせると、全然収支が合いません。算盤《そろばん》をはじいてみるとかなりの赤字でした。

私は当時も今も、ほとんど取材費を貰ったことがありません。「自分で出すものだ」とどこかで思い込んでいるのでしょう。でも、ようやく書いた署名記事第一号は収支はマイナス……これでどうやって食べて行くのでしょうか。心配しながらも、楽天的に構えました。

「大丈夫。書き続けていけば、絶対に大丈夫」と。

その後、ＰＦＡに移って仕事をしているときに、一水会の鈴木邦男さんのインタビューをしたことがあります。一水会は、既存の右翼団体と一線を画す、ユニークな新右翼として注目され始めていて、鈴木さんはその代表者でした。

取材には、シカゴ・トリビューンの助手をしていた人と一緒に行きました。私は既に自分の記事を書くようになっていましたし、彼女も助手ながら書こうとしていました。

そのインタビュー記事を、私たちは各々の表現で、英語でまとめました。ＰＦＡが使用した私の記事は大きなスペースを取って掲載されましたが、シカゴ・トリビューンの記事はとても小さいものでした。後で鈴木邦男さんが、アジアの名もないような通信社は記事を大きく出したが、アメリカ大手の新聞は小さな記事だった、とどこかに書きました。

そのとき、私はこう思ったものです。

「なるほど私はアジアのメディアにいるから、日本発の記事は大きく載せてもらえる。一方、アメリカ大手のシカゴ・トリビューンは、日本発のニュースにあまり価値を置かない。ＰＦＡにいればきちんと情報を発信できるかもしれない。私の記事も多くの人に読んでもらえるかもしれない」

そもそもＰＦＡはＩＰＩ（国際新聞編集者協会）の下部組織で、アジアのジャーナリズムを育てることを目標に設立された組織です。アジア関係の記事がどのように世界に発信されるかといえば、たとえばタイについての記事は大概バンコク特派員が書きます。特派員がアメリカ人なら、それはアメリカ人の見たタイであってもタイ人の価値観を体現したものではないかもしれません。記事をタイ人が書けばタイの価値観を反映した内容を国際社会に発信できる。国際社会の共通語は英語なのですから、アジア各国に英語で記事を書ける記者を育てよう、というのがＰＦＡの大目的の一つでした。

こんな体験と考え方に勇気づけられて、私は大手の新聞などに引け目を感じることもなく、興味のある記事の取材に明け暮れたのです。

若気の至りは財産だ

日本語で初めて本格的な記事を書いたのは「文藝春秋」誌上でした。

「こういうものを書きたいのですが……」

と編集長の岡崎満義さんに話したら、

「いいよ。好きなだけ書いておいで」

と言われました。そして私は四百字詰原稿用紙、八十枚を書いて持っていきました。それを岡崎さんがバッサ、バッサと削っていきました。うーむ、と見ていましたが、結局、六十枚分は載せてくれました。月刊誌の原稿の枚数は四百字詰換算で、三十枚から五十枚くらいが標準的でしょうか。それは新進気鋭も、ベテランも、大家も一緒です。そんななかで、日本語で書いた初めての、それも無名の新人の原稿を六十枚載せていただいたのは、私の大きな幸せだったと感謝しています。

記事のテーマは「石油タンパク」（「朝日新聞が抹殺した〝微生物蛋白〟」一九八四年七月号）でした。

当時、石油からタンパク質を取って食糧にしようという動きがあったのです。日本の技術をルーマニアが取り入れて家畜の飼料をつくり、ルーマニアの牧畜業はそれですごく生産が伸びたのです。そこで私は、ルーマニアまで取材に行きました。といっても、ちょうど私はブカレストでのジャーナリスト会議に出席することになっていました。アメリカ、フランス、中国、インド、ブラジルなどから、編集長クラスのベテランも含めて集合する会議でした。その会議のあと、石油タンパクの取材をしたのです。

ルーマニアはまだチャウシェスク大統領が厳しい監視網を敷いていた時代で、取材は難航しましたが、必要な情報は取れました。ちなみにその取材でお会いしたのが大岩丈二さんです。石油タンパクの技術をルーマニアに確立させるべく奮闘していた大日本インキ化学工業の生物化学事業部開発課長でした。

　ともかく私は無鉄砲でしたが、面白かった。

　この記事も前々から温めていたテーマというより、三十項目ほどノートに書いて持ち歩いていた案の一つでした。提案してみたら採用されたのです。

　しかし記事を書くのにまだ慣れていません。どの程度取材すればよいのかという按配《あんばい》がわからず、少しでも可能性があればどこまでも追求してしまいます。資料は厖大《ぼうだい》になり、お金もかかります。「草魚の稚魚の放流」の原稿と同じで、取材費の持ち出しのほうが多かったことを記憶しています。しかし、そんなことよりも記事を書けるという嬉しさと気合のほうが勝っていました。

　いまは、ここまでの情報がとれれば書けるという、そういう馴れがいいことかどうかは別にして、見切りをつけられます。でも当時は脇目も振らずに走りました。

「若気の至り」のひと言で片付けてしまうことは簡単ですが、振り返れば貴重な体験です。同じことをいましようとしても、時間的制約などが立ちはだかることは明らかですから。

書くことの基本は「要を得て簡」

こうして原稿を書き始めましたが、まだ書きなれない当時、思っていたことがありました。それは、「英語で書くのと、日本語で書くのとは違うものだ」ということでした。

英語では、まず結論を書いて、何ゆえにそうなるか、斯々然々《かくかくしかじか》と広げていきます。一番重要で最も伝えたいことを冒頭に書き、次にそれを肉付けする情報で冒頭の文章を支える。そのあとは二番目に伝えたいことを書き、同じように肉付けしていく。重要度の低い情報ほど記事の後ろのほうに書く。これが英語の原稿スタイルです。

「二千字書いても編集長は千字しか使ってくれないかもしれない。原稿を切るときはみんな後ろから切って行くから、大事なことは全部始めに書け」

毎週、英語で原稿を書いていたころには、いつもこう言われていました。最後のパラグラフなどは捨て草のつもりで書け、と。

しかし、多くの日本語の記事を書くようになってわかったことは、日本語で書いても、やはり基本は同じだということです。

どういうふうに組み立てたら読者を惹きつけられるかと構想し、大事なこと、面白いことを始めからどんどん入れていきます。

もちろん、英語の表現は直截的です。私は、英語では二重否定の表現はあまり使わずに、ストレートに書きます。私の英語表現能力が、英語を母語とする人たちよりずっと拙《つたな》いせいもあります。文学的表現を物するよりも、伝えたいことが間違いなく伝わるように、また誤解されないように、なるべく単簡な英語で書くようにしています。

考えてみれば私の場合、日本語も単簡に書いているのです。基本的には「ワンセンテンスにワンメッセージ」といつも思っています。そうすれば、読む端から読者の頭の中に、私の伝えたいことが入ってくれるはずです。日本文学の最高峰のひとつである『源氏物語』は本当にすばらしいと思いますが、ジャーナリズムにおける文章は、よほどのことがない限り、長々とした複雑な文章は避けたほうがよいと思います。

ビジネス文書も、親しい相手に綴る手紙も、さらには今やコミュニケーションツールとして不可欠なＥメールも、基本的に同じではないでしょうか。

誰かに向けて書いた文章は、きちんと相手に伝わってはじめて、「書かれた」ことになります。「要を得て簡」が大事なのは、万人、いや万国共通のことだと思います。

第2章 「皆様、こんばんは」の十六年――「テレビ」とは

「櫻井よしこ」を初めて知ったのは、この番組がきっかけだった、という方は多いかもしれません。それまでの私は、取材と執筆に明け暮れる日々を、活字メディアを舞台にして送っていました。二十代から三十代にかけてのそんな日々は、少しずつ書くことへの自信をつけさせてくれる日々でもありました。

そして、いつも考えていました。何か面白いことはないかしら、と。物を書いたり取材するのが好きな人は、きっと好奇心が強いのです。

そんなときに出会ったこの番組は、私にとってまさに想像もしていない「出来事」でした。

それは一本の電話から始まった

日本テレビの「きょうの出来事」というニュース番組に関わり始めたのは、一九八〇年のことでした。

きっかけは、当時NBC東京総局のマネージャーをしていた椎原正昭さんからの一本の電話でした。ＮＢＣは、ＡＢＣ、ＣＢＳと並ぶアメリカ三大ネットワークの一つですが、その椎原さんの一言に、思わず耳を疑いました。

「櫻井さん、テレビをやってみない？」

と言うのです。

「日本テレビが女性のアンカーパーソンを探していて、ジャーナリズムの経験があって外国の情勢にも明るい人が早急に欲しいそうです」

その頃はジャーナリズムの世界は、まだ圧倒的に活字中心の時代でした。私自身も活字にしか興味がなくて、テレビはニュースくらいしか見たことがありませんでした。日本テレビとＴＢＳの区別もつかなかったのです。

古いテレビを一台持っていましたけれど、当時住んでいたマンションが手狭で、置き場所がないためにしかたなく押入れに入れ、時間になると襖を開けてニュースを見るだけという具合でした。テレビ業界とは本当にご縁が薄かったのです。

テレビの世界とどれほどご縁が薄かったか、今だから白状できることがあります。タモリさんの「笑っていいとも！」が二〇一四年の春に放送を終了しました。そのことが報じられたとき、ビートたけしさんも、それがどれほど大きな損失であるかを書いていました。

私は、その偉大な番組にお招きいただいたことがあります。でも、私は「笑っていいとも！」を一度も見たことがなかったのです。なんといっても、ＮＨＫのお昼のニュースのちょうど裏番組だったからです。

リサーチをして、番組の概要はわかりました。それなりに準備もしました。けれど、出演まで、ついに見ることはできませんでした。

それほどの非テレビ的人間でした。ですから、テレビの仕事に誘われるなど、文字どおり青天の霹靂《へきれき》でした。

「日本のバーバラ・ウォルターズになってよ」

と、椎原さんは殺し文句を口にしました。

彼女のことはちゃんと知っていました。アメリカのテレビのアンカーパーソンとしてＮＢＣのモーニングショー「ＴＯＤＡＹ」を視聴率トップに引き上げ、百万ドルでＡＢＣに引き抜かれた女性です。対談相手が大統領だろうが国防長官であろうが、鋭い質問を浴びせ、大統領選挙立候補者の会見の際は、報道陣の筆頭インタビュアーも務めました。

誰の目にも、飛び抜けて美しく強く、聡明で、魅力的な存在でした。

「ああ、彼女みたいな人材を日本でも求めるようになったのか」

と思いましたけれど、これは自分を彼女になぞらえるようで、ちょっと生意気な感想だったかもしれません。あちらはキャリア充分の花形ニュース記者、こちらは無名のフリージャーナリストです。ひとまず、

「考えてみます」

と回答しました。「きょうの出来事」という番組も見たことがありませんでしたから、ともあれ、まず番組を見ました。

「堕落するよ」と先輩たちの猛反対

この番組では一九八〇年四月から二人の女性がアンカーパーソンとして起用されていました。お二人とも各々、ご自分の専門分野を確立しておられました。けれども、私もテレビというメディアにはあまり向いていなかったのですが、お二人も同様でした。それで番組を降板することになったのです。日本テレビは大変に困り、早急に誰か後任を選ばなければならないというのが実情でした。

私は先輩たちに、この件について意見を聞きました。すると、全員が反対しました。

「いやあ、テレビなんかに出たら堕落するよ」

と口を揃えて言うのです。

「君は筆一本で行きたまえ」と。

ほんとうにテレビに出たら堕落するのかしら。そこで尋ねました。

「テレビに出たら、なぜ、堕落するんですか」

すると、先輩記者らは言うのです。

「テレビを見てればわかるだろ」

とてもまともな答えではありません。新聞記者や物書きなど、活字メディアの人たちばかりに尋ねているわけですから、皆さんテレビを貶《けな》すのは当たり前だ、と思えば腑に落ちました。誰一人として賛成しなかったのですけれど、同時に誰一人としてテレビの仕事をすると堕落することの証明も、できませんでした。

天の邪鬼だったのでしょうか、私は試してみようかという気持ちになりました。

「バーバラ・ウォルターズのように」

という言葉の吸引力もとても強かったのは確かです。未知の分野から差し伸べられた可能性に触れてみたいと思いました。

そこでまず、面接を受けました。日本テレビの報道局長以下、社会部長、外報部長、政治部長といった報道局幹部がずらりと並んでいるところに案内されました。少しばかり、いろいろな話がありました。キッシンジャーのアジア外交が話題になり、私は私なりに生意気に答えました。すると、こう言われました。

「じゃあ、ちょっとカメラの前で喋ってもらいましょう」

こうしてテストではありませんでしたが、生まれて初めてテレビカメラの前に座りました。インタビュアーは、いま皇室ジャーナリストとして活躍しておられる久能靖さんでした。

ベトナム戦争について聞かれました。ベトナムは私が生まれた国です。ハワイ大学で学んでいたとき、キャンパスではベトナム戦争について学生同士、盛んに議論していましたから、正しいかどうかは別として、言うべきことはたくさんありました。

若干の緊張と気負いもあったのでしょうか、かなり持論を述べたのを覚えています。

当時の報道局長は、常盤恭一さんでした。読売新聞からきた方で、理屈を捏《こ》ねる人間が好きだったのかもしれません。カメラテストが終わると、即断即決という風情で切り出しました。

「櫻井さん、是非この仕事をしてください。お願いします」

「すぐにでも」と言うのですが、私には当時、アジアを取材する計画がありました。マレーシアなどへ行く予定を組んで、先方とのアポイントメントも取りつけていました。結論は、アジア取材を終えて、一九八〇年の七月から、日本テレビのベテランアナウンサー小林完吾さんたちが居並ぶ一角に、アンカーパーソンとして出演することになったのです。

自分でも訳がわからないで生意気なことばかり言っているうちに決まってしまったという感じです。

話すスピードを考える

テレビ報道にかかわって、学んだことはたくさんあります。それまでのペンの仕事では考えもしなかった発見もありました。

その一つが、話し方です。

テレビには放送時間という決まった時間枠がありますから、秒単位で時間を計ってものを言わなければなりません。これは、経験のない人間にとって、当初はかなりの難題です。速過ぎてもいけない。遅過ぎてもいけない。プロのアナウンサーでさえ、最初はストップウォッチ片手に時間を確認することから始まり、一定のスピードで話す訓練をしています。

しかし私はプロの読み手でも喋り手でもありませんから、時間を計りながらというのができなくて、自分のペースでしか話せませんでした。

加えて、私の話すスピードはかなりゆっくり目です。

「皆様、こんばんは」

と言ってニッコリ笑うと、もう、フロアでディレクターが指をクルクル回しているのです。これをテレビの世界では「巻き」といいます。時間が押しているので「速く、急いで」という意味です。

番組は始まったばかり、私はびっくりしました。

民放にはコマーシャルがあります。何時何分にコマーシャルに入らなければいけないというふうに、決められた「確定枠」があります。その時間は後ろにずらしてもいけないし、その前に空きをつくってもいけない。その時間ちょうどにピタッと収めるのが大事なのです。最初はそれもよくわからなくて、困りました。

でも私よりもっと困ったのは、周りのスタッフだったと思います。皆さんにご苦労をかけたことだと、今でも感謝したり、申し訳なく思ったりしています。

ずっと後のことですが、田丸美寿々さんと対談したことがありました。田丸さんはフジテレビのアナウンサー出身で、テレビ報道の世界では女性キャスターの草分け的な存在で

もいらっしゃる。その田丸さんが、

「櫻井さんの番組を見ていると、私の心臓がおかしくなる」

と言うのです。

「番組中のあの長い空白の時間に、私だったら耐えられない。櫻井さんは平気で長い時間、沈黙していますね」と。

田丸さんのテンポは確かに速いですから、殊更、私のゆっくりした話し方や、間合いの取り方に気を揉んで下さったのかもしれません。

日本テレビの番組に出演しはじめたとき、私は三十四歳でした。当時すでに女子アナウンサーがニュース番組に出ていましたが、ニュースではなくお天気コーナーを担当することが多く、二十代の可愛い女性が多かったと思います。そんな中で私の三十四歳というのは、まさに異例のことだったと思います。

時に必要な「鈍感力」

出演しはじめた当初、視聴率は本当に良くありませんでした。低空飛行でした。

しかし私は業界のことを良く知りませんでしたので、視聴率が悪いと言われても、そういうものかしらと、あまり気にしなくて済みました。いまでいう「鈍感力」でしょうか、視聴率競争の厳しさをよく知らないが故に、気にしない。それが長い目で見れば、結果として成功につながったと思います。視聴率の数字を毎日気にしていたら健康を害して、胃に穴も開いたことでしょう。

これは私の昔からのことでもあるのですけれど、自分の力の外のこと、自分がどれだけ気にしても何ら変化を及ぼしようのないことは、努めて気にしないようにしています。

たとえば飛行機に乗ったとき、パイロットでもない私が飛行機が墜落したらどうしようかと心配しても仕方がありません。ですから、心配しません。

報道を例にとれば、海外取材で衛星回線が繋がるかどうかで、現場は大変な苦労をします。生中継で生放送であれば、なおさらです。

「回線が切れた！」

とスタッフが大騒ぎしても、ここでキャスター役の私が動揺するのは無意味です。そんなとき、自分を周囲の状況から切り離します。各部署にはそれぞれのプロがついているのですから、彼らを信頼します。

そしてオン・エアのその瞬間から、完璧な報道を目指すのです。言葉を間違えず、数字を間違えず、二十分なら二十分、四十五分なら四十五分、一時間なら一時間、伝えるべき内容と流れを頭に入れて、原稿など見ないようにして、カメラの向こうの視聴者に一対一で語りかけるように全神経を注入して、完璧に報道する。

そのために私がいるのですから、そのことのみに集中します。だから、自分をあえて周囲の状況から切り離すのです。それはスタッフ全員に対する私の最大の敬意の表し方でもあったと思います。

視聴率は、よいほうが望ましいのはもちろんです。しかし、私が心配しても何の役にも立ちません。ですからプロデューサーにお任せして、大船に乗った気で自分のことだけをやっていればいいのだと、肚《はら》を据えていました。

しかし、番組の中身については、大いに自分の意見を言いました。報道局長の常盤さんは、

「あなたの知見や体験を生かし、番組の軸としてしっかり意見を言ってください。記者として意見や情報をインプットしてほしい」

と繰り返し、私に語っていました。私はそれを額面どおりに受けとめました。

放送は毎晩十一時からですが、夕方には「立《た》ち会《あ》い」という会議が毎日ありました。政

治部、外報部、経済部、社会部からデスクが集まり、主だった記者、番組のプロデューサー、ディレクター、デスク、キャスターなど、全員が集合します。その日のニュース取材の結果が全部出され、プロデューサーに報告されます。

　報道の文化についてほとんど知らない私は、報道局長に言われたことを思い出しました。ここで何か貢献すべきことが求められているのだ、と思ったのです。自分の果たすべき役割だと思えばこそ、発言しました。

「その件については、これも取材しなければいけないんじゃないですか」「こういう見方も必要ではありませんか」などと、意見を述べました。

　周囲の雰囲気が固くなっているのが、はっきりわかりました。

　後で注意されました。

「櫻井さんね、みんながいる前でああいう議論をしちゃあ、いけないよ。あなたは善かれと思って言っているのだろうけど、指摘された側は責められて人格を否定されたように思うものだよ。そういうことは周りに誰もいない、二人だけのときに言いなさい」

　当時の報道局は、新人からベテランまで、百人を超える大所帯です。様々な年代のテレビマン一人ひとりが「テレビニュースとは何か」を考えながら、おのおの持ち場の最前線で、身体を張って仕事をしていたはずです。そんな中で、テレビについて何も知らない素人同然の新入りに意見されては、面白いはずがありませんね。

誰のためのニュース原稿か

なるほど、と納得しました。以降、言いたいことは個別に話しかけて意見交換するよう気を付けました。でも、私は最初の一歩で躓《つまず》いたも同然でした。その躓きを前向きに見てくれる人と、そうでない人に、やがて分かれていったと思います。

こんな体験もしました。

当時、多くのニュース番組はアナウンサーがキャスター役を務めていました。記者が取材してまとめた原稿を、滑舌《かつぜつ》よく、美しく正しいアクセントで読むのがキャスターの役割です。

私は、ただ読むためにスタジオにいるわけではありません。少なくとも自分ではそう心得ていましたので、原稿の中の言葉の使い方から、情報の過不足に至るまで、自分なりに判断して、変更や修正が可能なところは手を入れていました。

すると、ある日、社会部の部長が怒鳴り込んできました。「何様だと思っているんだ」

と、大変な剣幕です。

「部員が必死で取ってきた情報を、どういう資格で変えるんだ！ 表現の仕方も、それが最善だと考えて絞り出した表現なんだ！」

私は本当に吃驚しました。

記者がとってきた情報ですからもちろん大事にしますが、物には伝え方というものがあります。重要な情報を番組を見る人々にわかりやすく伝えることは、とても大事なはずです。ですから「漢字の常套句」は「ひらがな言葉」に直したり、長い文章はいくつかの短い文章に区切ったりすることが大事です。書き換えるといっても、情報そのものを変えるわけではありません。テレビにおけるキャリアこそ短いものの、絶対、私のほうが正しいという思いが残りました。

同時に、私は怒った記者の側の気持ちもよくわかりました。私も物書きであり、ジャーナリストです。自分の書いた原稿を許可なく変えられたり、切られたら、とても嫌です。怒ることでしょう。

だからこそ、反省しました。出稿した記者にひと言の相談もなく表現を変えたりしたことは、私の至らぬ点でした。そこで、社会部長の抗議を受けてからは、記事を書いた記者一人ひとりに連絡して、打ち合わせをしました。

「○○さん、櫻井ですけれども」と、記者の出先に電話をしました。

「あなたはこう書いているけれど、この言葉はこう変えてもいいかしら」

「この数字はこういうふうにしたら、もっとわかりやすいのではないかしら」

ほとんど全部の項目で、打ち合わせました。

おそらく当時のニュースキャスターで、そこまで細部にこだわったやり取りを現場の記者と積み重ねた人は、いなかったかもしれません。でも、私はジャーナリストとして、こだわりました。こんなことで、放送開始までの時間はとても忙しかったのです。

現場の記者は、最初は不快だったかもしれません。けれど、三年目くらいでしょうか。件《くだん》の社会部長がやって来て、言いました。

「わかった。櫻井さん、もうあなたね、全部変えていいよ。断らなくていい。あなたのすることは全部信頼するから、断らずに好きなように変えてください」

と言ってくれたのです。

これは、凄く嬉しかった。

私が日本テレビを〝卒業〟して何年かが過ぎた頃、かつて外報部のデスクをしていた元田成さんにひょっこりお会いしたことがありました。彼は八重歯を見せつつ、笑いながら言いました。

「櫻井さんには、よく原稿を変えられたなあ」

　信頼関係が築けた元同僚のほのかなあたたかさを伝えてくれる昔話として、私は元田さんのコメントを嬉しく受けとめました。

刺し違える覚悟の人事要求

　真正面から大喧嘩になったこともあります。「もう辞める！」と決意したこともありました。

「きょうの出来事」のあるデスクが、自分の書いた原稿は一字一句といえども絶対に変えるな、というのです。しかし、その人の表現はすごく堅くて、四角四面です。目で読むにはよいかもしれませんが、耳で聞くニュース原稿にはふさわしくありません。

　ですが、一字一句、そのとおりに読め、というのです。

　ある日、私は、原稿はそのままにして、スタジオに入ってカメラの前に座ったときに、私なりに少し、表現を変えました。それで、ずっと聞きやすく、わかりやすくなったと思います。

けれど、番組が終わってからが大変でした。スタジオから出てきましたら、

「あの言葉も、この言葉も変えた。けしからん！」

と怒鳴るのです。私も覚悟の上でしたから、言いました。

「あなたのオリジナルの表現より、私の表現のほうがずっと耳に入りやすいと思います。それに文章の意味は変えていません」

すると彼は、私はニュースの本質を知らない、取材も不十分だ、と言いました。そのうえで、当時注目されていた自民党の河野洋平氏が当選何回の議員か、閣僚経験は何回あるかなどと質問しました。

その日のニュースで河野氏を扱ったのかどうか、今では覚えていませんが、その人はリベラルな政治信条の政治畑の出身でしたので、たまたま河野氏を引き合いに出したのでしょう。ただ私も、そのくらいのことは知っていました。

それにしても険悪な雰囲気です。キャスターとデスクがこんなやりとりを、番組関係者みんなの目の前で繰り広げるのですから。

私はそのとき、「もうこの人とは絶対仕事はできない」と心に決めました。ちょうど人

事異動の季節のことでした。テレビ局も組織ですから、人事異動はつきものです。相性のいい、気心の知れた仲間との別れは惜しいのですが、人心一新のチャンスであることも、また事実です。

そのときは、その人が番組デスクとして残るかどうかというところでしたが、発表された人事では残ることになっていました。私はすぐに報道局長に会って、こう告げました。

「あの人を辞めさせるか私を辞めさせるか、どっちかです」

局長も、さぞ驚いたことと思います。

結論からいえば、一度発表された人事が覆《くつがえ》りました。

しかし、今度はそのことが局内で一大騒動になりました。いま思えば、当然です。一介のフリーランスの女が、大組織の人事に口を挟んだのですから。

こういう経緯があれば、憎まれるのは当然です。けれども、そのときは本当にこの人と仕事をするくらいなら辞めようと思いました。長い年月が過ぎたいま、この人のことを考えてみますと、また別の面が見えてきます。頑固だったけれども、熱心な人だったことがわかります。

ここでフリーランスについて考えてみましょう。フリーランスの強さは、自分の意思で物事を決めることができるという点です。たとえば、どうしてもそうすべきなら、「きょうの出来事」のキャスターから降りると、自己決定できます。他方で、期待以下の実績しか残せない場合は、いつでも辞めさせられるということもあります。

私は一人のフリーのジャーナリストとして日本テレビの報道に参加しましたが、その基本的立場は、大組織の日本テレビと私は対等ということです。

私は本当は対決を好む人間ではありません。けれど、対決しなければならないときは、怯《ひる》まずに対決しました。

当時のテレビ局は完全に男社会で、

「女性の時代なんて言っても、女は可愛くなくちゃ駄目だ」

と現場の人に言われたことがあります。そんなとき、こう言いました。

「私は大学を出て自分のキャリアを持って十年が過ぎています。可愛くはありません。可愛い人がほしいのなら、新卒の二十代の人をとってはいかがでしょうか」

現場のベテランから見れば、ほんとうに可愛くないコメントですね。思い出してもおかしくなります。こんなところでストレートに反発せずに、もっと柔らかな反応ができなかったのかしらと、いまは思います。けれど、あの時代はあの時代、私の全力投球の形はひたすら直球だったのです。

「三年は続けよう」

テレビキャスターの仕事は当初、契約期間「一年」でスタートしましたが、私は「三年は続けよう」という気構えではじめました。その間はベストを尽くして、その先どうなるかは、考えませんでした。続けるのか否かについて、私の方だけでなく、テレビ局の意向もあるに違いありませんから、状況次第です。ただ、どんな事情があっても一年で辞めたら、私の敗北ということになるでしょう。負けるのは絶対嫌でしたから、三年は続けようと思ったのです。

「テレビの仕事をすると堕落する」

と先輩たちに言われたようなことは、結局、起きなかったと思います。

一九八〇年代は、日本のメディアにおいても潮流が変化しはじめたときだったのではないでしょうか。

当時、テレビ報道に関わる女性は多くありませんでしたが、現在はどの報道番組を見ても女性が非常に重要な位置を占めています。新聞に比較してニュース報道におけるテレビの重要性は、当時、決して高くはありませんでしたが、いまテレビ報道の重要性は無視できません。またＮＨＫの地位も、この四十数年の間にずいぶん低下してきました。いまやＮＨＫが民放のニュース番組のスタイルを真似するようになりました。

「テレビ報道が新聞報道と競い合う」という時代の入り口で、私はテレビの世界に入ったと思います。その変化は、テレビを脅かすインターネットの登場がもたらしつつある現在進行中の変化に比べられるのではないでしょうか。

テレビメディアの限界

テレビの力の強大さを実感する中で、テレビの限界も痛切に感じました。第十八富士山丸の報道です。

一九八七年のことだったと思いますが、社会部長や政治部長が集まった夕方恒例の「立ち会い」の場で、北朝鮮が、

「第十八富士山丸の紅粉勇《べにこいさむ》船長らにマイナスの影響が出たら全部日本の責任だ」

という趣旨の声明を出したことが報告されました。

これはどういう事件だろうと思って調べたら、八三年に北朝鮮に入港した交易船の船長

たちがスパイ容疑をかけられて抑留されたままだという。これは人権を無視した国際的な犯罪行為です。

でも、結局その日、ニュースとして取り上げられることはありませんでした。どうして報道しないのだろうと不思議に思ってスタッフ間の議論を聞いてみますと、映像がないから報道できない、ということでした。いわゆる「画《え》がない」という理由で、ボツになったわけです。

映像がないというだけで、日本人が北朝鮮に拘束されている一大事を無視してはいられません。そう思って、私は休みの日を使って抑留されている紅粉船長の神戸の留守宅へ取材に行ったりして、「文藝春秋」に記事を書きました。

このニュースを「きょうの出来事」でもなんとか伝えたい。そう考えて、私はたびたび、映像や音声がなくても伝えられないか、と提案したのですが、「壁」を突破することはできませんでした。活字なら、新聞でも雑誌でも、記事にして世に問うことができる問題が、テレビでは伝えられない。とても残念でした。なぜならテレビのインパクトは非常に強く、多くの人に知らせることができます。多くの人が情報を共有すれば、問題解決の可能性も高まるからです。

第十八富士山丸事件はテレビ報道の限界を強く感じさせましたが、じつは、それから何年かして、「きょうの出来事」のチーム力でこの問題を克服することができたのです。そして私は、テレビ報道の大きな力を実感することになりました。

それは薬害エイズ報道です。

薬害エイズ問題については、私はまず「中央公論」に連載の形で報じました。当初は大層地味なテーマに思えましたが、編集長の宮一穂さんが、とても力強く応援して下さり、毎月三十枚分のページを確保しました。

一方、テレビでこの問題を最初に取り上げたのは、フリーランスの広河隆一さんです。新しい情報が得られるたびに、私たちは特集を組んで薬害問題の構図を明らかにしていきましたが、その過程では当然、映像の伴わない情報もありました。

そのとき、番組のチーフ・プロデューサー、安藤信充さんが、重要な情報なら映像がなくても伝える方針を打ち出し、映像の欠落している部分を図解で示すなど、工夫しました。いまではどの局もとっている手法ですが、その手法を果敢に取り入れることで、第十八富士山丸事件のときにはできなかったことが、できるようになったといえます。

取材対象の映像や音声がとれなくても、工夫次第で報道はできるということです。どういうチームを構成するか、上に立つ人物がどれだけの熱意を持っているかに左右されると思います。

ライバルの存在は気になるか

一九八〇年代後半になると、私たちの「きょうの出来事」のほかに、テレビ朝日が久米宏さんの「ニュースステーション」、ＴＢＳが筑紫哲也さんの「ＮＥＷＳ23」を始めました。テレビのニュース番組が注目された時代でした。

テレビ業界の人々だけでなく、視聴者の方々も、この三番組はいわばライバル同士だと思っていたはずです。そういうライバルに視聴率で負けたりすると、嫌だと思ったこともありました。「視聴率は気にしない」と言いながらも、そこは人間です。やはり気になります。

しかし、それぞれの番組でスタイルはまったく違っていました。キャスターとしての久米さんのスタイルは、ライバルとして全然怖いと思いませんでした。けれど、視聴率は物凄かった。それは「テレビの見せ方」というものをよく知っていたからです。

たとえば、「夜桜中継」という名物企画がありました。これはニュースバリューにはあまり関係ないのですが、楽しめます。全国各地の見事な桜を、美しく、力強く、幻想的かつ大々的に見せるのです。見事のひと言に尽きました。そのスケールの大きさに、テレビ朝日の心意気が反映されていました。なんといっても、照明をふんだんに使ってライトアップする演出方法には、莫大な予算がかかります。でも、テレビ朝日は社運を賭けるかのような意気込みで、大規模な照明をつけているのです。

　久米さんはその点、少なくとも当時は、とても幸せなキャスターだったと思います。局をあげての支えが、そこにあるのですから。

　筑紫さんの番組では、「筑紫節」とでも言うべき、キャスター個人の明快な発言が冴え渡っていました。キャスターとコメンテーターの両方を、筑紫さんが兼ねていたのが「23」でした。けれども、筑紫さんと私の政治的・社会的スタンスは、全く違います。違ってはいましたが、お互いに価値観の違いを乗り越え、私たちは互いの考えをぶつけ合い、議論しつづけたという意味で、比較的よい関係を築いていたと思います。

　三者三様のスタイルではありましたが、視聴率においては、私たちは常に筑紫さんに勝っていました。久米さんには最初は負けていましたが、やがて、「きょうの出来事」が久米さんの驚異的な視聴率を上回りはじめたのです。

彼の番組は夜十時に始まるのに対し、筑紫さんと私の番組は十一時開始で、遅い分だけ不利だと言われていました。でも、やがて「きょうの出来事」チームは、週五日のうち三日は「ステーション」チームに勝てるようになったのです。これは本当にすごいことでした。こんなことはありえない。総合的には、私はお二人に勝てたと思っています。

チームワークを支えるのは「歯車」か

ニュース番組で心掛けたのは、何よりも「事実がもっとも雄弁に物語る」という原則を守ることでした。

事実をして語らしめるのが、ニュース番組では大前提です。しかし、事実を素のまま出しても視聴者に正確に伝わらない場合もあります。その場合は解説します。ですが、主役はあくまで「事実」です。「人間」は脇役です。今ではどの番組でもしている、大きい図解パネルを使っての解説は、おそらく「きょうの出来事」が一番先に始めたのではないかと思います。

「きょうの出来事」の特集は徹底していました。一例が、一九九五年の阪神・淡路大震災の報道です。チーフ・プロデューサー（ＣＰ）の安藤さんの判断で、番組スタッフのほぼ全員が大阪に移動しました。東京に連絡役が一人残りました。彼の役割は、じつは非常に重要でした。なんといっても、現場に出てしまった「きょうの出来事」チームを本社の報道局とつなぎ、さらにそれを全国のネット局につなぐのですから。

こうして、ほぼ全員が大阪の読売テレビに移り、読売テレビの報道マンも加えて、番組枠を大幅に拡大して、まさに全力を注入して震災報道に当たりました。

いま振り返っても、充実した報道ができたと思います。大震災の報道はその後もずっと続けましたが、このような大きな被害の前で、どのように実情を報じ、被災者を支え、社会全体の力を結集して問題解決を促すかは、番組を担う一人ひとりに突きつけられる問題です。

いかに報道するかという問いは、とりわけＣＰとキャスターには、最も先鋭的に突きつけられます。しかし、番組の最終的な内容を決めるのは、ＣＰです。

方向性を決め、そのための人員配置を決めて取材の枠組みをつくり、集まってきた情報を形にして命を吹き込む――その意味で、番組はＣＰのものだと思います。活字人間には、雑誌にたとえればもっと分かりやすいかもしれません。「雑誌は編集長のもの」とよく言われます。何をテーマにして、誰を書き手に選ぶか、各々の書き手に何を書かせるか。集まった原稿を一冊の雑誌に、どのように仕上げるか。これらはすべて、編集長の力量です。ですから雑誌は編集長のもの、番組はチーフ・プロデューサーのものなのです。

テレビではチームワークが一番大事です。画面にはキャスターの私一人か、若いレポーターが出ていますが、一人ひとりの働きは、番組という大きな構図の中ではジグソーパズルの一片に過ぎないかもしれません。しかし、その小さな一片を欠いては、全体像もでき上がらない。その一片の仕事を「単なる歯車」と思うのではなく、「キャンバスに不可欠な一筆」と前向きにとらえることが大切です。こうした発想で、チームワークは初めて絶大な力を発揮します。

潮時を感じた瞬間

こうしたチームワークに支えられて、私は「きょうの出来事」のキャスターを十六年間務めることができました。いいかえれば、十六年で〝卒業〟したのです。

キャスターを降板した後に、陰山《かげやま》英男さんに、「櫻井さん、なんでテレビを辞めたんですか」と聞かれたことがありました。

陰山さんは、「百ます計算」や漢字練習の反復学習を含む「陰山メソッド」で知られています。兵庫県の小学校の先生としてすばらしい教育実績を残しました。その後、広島県尾道市の土堂小学校の校長に転じました。私は両方の学校に何回か取材に行きましたが、前述の質問は、そのときの陰山さんとの雑談のなかのひとことでした。

「ちょうどよい区切りだと思ったから」

と答えたのですけれど、彼はさらに詳しく知りたがりました。そこで私は答えました。

「ニュースキャスターそのものが目的ではなかったからかしら」

陰山さんは驚きの表情をみせて、黙り込んでしまいました。

「どうしました？」

と、私。

「僕はニュースキャスターになりたくてなりたくて、堪らなかったんだ」

教育者として名をなした陰山さんも、テレビに憧れていたのですね。

人にはいろいろな夢があるということです。

私は、テレビで育ててもらいました。きつかったけれど楽しい時間、充実した時間を、たくさん過ごしました。結果として、テレビに向いていないと思っていた自分が存外、テレビメディアでもいきいきと仕事をする能力を備えていることも発見しました。人前で話すことも苦にならなくなりました。これも「きょうの出来事」の体験あってこそで、本当に感謝しています。

同時に、テレビも報道のひとつの形です。私の目標は報道しつづけること、メッセージを発信しつづけることにあります。それはずっと番組にとどまることと、微妙に異なるのです。

テレビの世界に入って辞められなくなるということは、もしかして、目的と手段を取り違えているのかもしれません。テレビに出ること自体が目的だった、ということになりかねません。

私がテレビの仕事を辞めようと思ったのには、いいえ、むしろ辞めなければならないと思ったのには、或るきっかけがありました。「きょうの出来事」のキャスターとなって十五年が過ぎたときに、日本テレビが盛大なパーティを開いてくれたのです。

「櫻井キャスター、おめでとうございます」

亡くなった氏家齊一郎社長をはじめ、系列局の幹部の方々が多数集まって下さいました。報道局の人たちも忙しいなか、大勢集まって下さったのです。

氏家さんから祝辞もいただきました。報道局長からは、こう言われました。

「櫻井さん、視聴率もいいんだから、七十歳までやって下さい」

嬉しく思ったと同時に、複雑な思いもありました。もう十五年も番組を担当してきたのだということを、鮮烈な形で突きつけられたが故の思いです。

最初こそ、三年間続けられなければ敗北だと思っていましたが、いつの間にか年月のことなど忘れていました。それが局をあげての大パーティを開いていただいて、「十五年」という時の流れに直面させられ、気付かされたのです。

「このまま、ここにいてよいのだろうか」と考え始めました。あとから振り返れば、この日の気付きが、私の〝卒業〟のきっかけになった気がしてなりません。

消費される危機感

体験してはじめて分かったことですが、テレビの仕事は人間を消費します。体力も気力も、頭の中身も消費します。忙しいですから、英語の本を一冊じっくり読みましょう、歴史の三巻本を読みましょうと思っても、時間がなかなか取れません。毎日毎日、大体ざっと数えても十項目のニュースを伝えるわけです。毎日十項目のニュースをきちんと理解して、視聴者の方に「こうこうです」と自信を持って伝えるのは大変です。それをこなすだけで精一杯になってしまいます。

そんな状態を続けているうちに、「自分の中身が希薄になっていく」という恐れが、徐々にですが芽生えてきました。「きょうの出来事」のチームに支えてもらっていますから、ニュースキャスターです、と偉そうな顔もしていられます。テレビの世界にいれば、自分の実力と無関係に持ち上げてもらえます。ハイヤーで送り迎えされますし、どこに行っても「ああ、櫻井さんだ」と注目を浴びます。

けれど、「きょうの出来事」のスタッフがいなくなり、チーフ・プロデューサーがいなくなり、報道局や日本テレビの看板がなくなったら、どうでしょうか。中身のない「櫻井よしこ」は、鶏のガラみたいなものでしょう。

こういうことではまことに良くない。十五年間、仕事をさせていただいて、本当に深い満足と達成感を得ていました。それが自分だけの力で勝ち取ったものでないことも、充分承知していました。ですから、「視聴率が上がった」「もっと続けて」「七十歳まで」といわれたときに、

「あぁ、怖い」

と思ったのです。

「そろそろ辞め時になった」と、そのとき初めて感じました。十五年のお祝いをしていただいて、はじめて危機感を覚え、自分の人生の目標をもう一度設定しなおし、自分の生き方をもう一度、しっかりしたものにしようと思ったのです。

「内なる問題」との葛藤

もう一つ、考えるところがありました。テレビ界という、私をとりまく環境が「外なる問題」だとすれば、もう一つは「内なる問題」でした。

前にお話ししたように、若いときの私は、リベラルな考え方をしていました。若さは、理想を求めます。戦争がないほうがいい、核兵器がないほうがいい、と。であるならば、そのような理想の国や、良い社会を作るために、自分は力を尽くして発言し、情報を伝え、働くべきだと思います。

しかし、取材を通していろいろ学んでみますと、現実世界は理想的には動かないのがわかってきます。人間は冷厳な鉄の法則で縛られているという面があります。悪を閉じ込めていたパンドラの箱を一度開けてしまった人類は、出てきた悪をもう一度箱の中へ戻すことはできないのです。性善説と性悪説でいえば、性悪説で考え、備えるべきだという現実が見えてきます。取材を通して現実を知るにしたがい、現実から目を逸らしてはならないことを学びとっていきます。

そのプロセスを、私は辿ってきたと思います。

私が報道のあり方について最初に学んだのは、クリスチャン・サイエンス・モニター東京支局の助手をしていたときです。支局長のポンドさんの見事な記事を読むことで、感化されました。その頃私は、ジャーナリズムの西も東もわからない新米でしたが、彼女が来日直後に書いた日米繊維交渉の記事を読んで、こんなに鮮やかにまとめられるものなのだと、まずそのことに圧倒されました。それからしばらく後の、沖縄返還の記事にも、総選挙の特集記事にも、私は目を奪われつづけました。

最初は、英語の表現の素晴らしさに打たれるレベルでした。しかしそのうち、記事からアメリカ的なものの見方を感じ始めました。アメリカの、東部エリートの視点に基づくニュースの切り口です。

日本の切り口があまりないなあ、という印象は否めませんでした。

ここで急いで付け加えておきたいのは、ポンドさんの記事は、それでも日本の立場や感情を見事に表現していたという点です。アメリカの読者が読めば、自然に日本の姿を自分の頭の中に描きつつも、誰がそれを書いたのかをあまり気にさせないのが、ポンドさんの記事だったと思います。つまり、ポンドさんは自分の意見や価値観を前面に押し出すことをせず、取材対象の日本人、日本社会のありのままの姿を重視したということです。

それなのに、なぜ、私は、ポンドさんの記事の切り口はやはり、アメリカのエリートの視点だと感じるようになったのか。この点についてわかりやすく説明できる事例があるとすれば、前にも述べた金大中氏についての報道だと思います。

彼女は、金大中氏の一大応援団でした。金大中氏への思い入れが強く、結果として、当時の韓国の朴正熙大統領の政権を敵視しました。早坂茂三さんとの真剣勝負のシーンも、その一環でした。もちろん、日本にもそのような価値観が充満していました。反朴正熙の報道姿勢に、韓国政府が苛立つのは当然でしょう。

そのような状況下、ポンドさんが韓国に来たら生命の保証はできないという韓国当局の暗示もあり、当時は電話の受け答えも、盗聴を恐れて固有名詞を口にしないなどの注意をしていました。金大中氏が誘拐されたときは、ポンドさんも私も、いざというときにはどう戦うか、考えました。電車のホームの端は歩かない、暗闇で襲われたらどう反撃するかなど、真剣に考えたのです。

その緊張のなかで、ポンドさんは金大中氏を「民主化の旗手」だと位置づけて送稿しつづけました。しかし後になって、そう単純ではないことがわかってきました。そうすると、いったい私は何を見ていたのだろう、という疑問に行き着きます。朝日新聞がその典型でしたが、朴大統領の軍事独裁を強く非難し、北朝鮮を礼賛する記事が氾濫《はんらん》しました。他方で、韓国は暗黒社会のように描かれていました。国際社会でそうした報道の前線に立っていたのがアメリカの新聞であり、ポンドさんも例外ではなかったと思います。

そんな思い込みがあったからでしょうか、私は韓国に初めて行ったとき、大層安堵した覚えがあります。行くまでは韓国のイメージは余りにも悪かったのですが、行ってみると意外に明るい社会でした。私の側に、間違った先入観があったことに気づきました。

韓国が農村近代化のために一所懸命に進めたセマウル運動（新しい村づくり運動）を批判して北朝鮮の政権を礼賛していた朝日新聞の報道などは、事実と違うではないかと、自分の足で歩いて初めて、問題を実感したのです。民主主義、人心の安定、国民の安寧などを担保するには、それなりのメカニズムが必要なのであって、そのメカニズムを作ろうとしたのが朴大統領なのだということもわかってきたわけです。

テレビという媒体における報道のあり方を語るのに、テレビに関わるより前のポンドさんの報道についての思いになってしまいました。

ここで私が伝えたかったことは、通説の怖さです。「朴正熙政権による金大中弾圧」は通説になってしまい、メディアも学者もなかなかそこから脱することができません。事例は異なっても、テレビメディアもこの種の通説に埋没している面がありました。そこに、私は違和感を覚えはじめていました。毎日のニュース報道がいつも朝鮮半島や歴史に関わるわけではありませんので、このような違和感はほんの時折、抱くだけではありましたが……。

通説の上に安住しない

朝鮮半島問題も、歴史認識問題も、日本テレビにかぎらず各局の報道は、得てしてリベラル系です。私は自分自身の限られた学びを通して、世の中に事実として報じられることが、必ずしも事実そのものではない場合もあるのではないか、と感じ始めていました。

そこで、報道局の若い部員たちと、気になる事柄について、つとめて話すようにしました。

たとえば、歴史認識についてです。「南京事件は、大虐殺などなかったんですよ」「慰安婦の強制連行はなかったのですよ」などなどです。

みんな真面目な顔で聞いていました。しかし、陰では、

「櫻井さんは気が狂ったのでは」

などと言っていたのが伝わってきました。通説の中に埋没するのではなく、新しく出版される本や、新聞や雑誌に報道される記事などを継続して読めば、私の言っていることが決して「気狂い」などではないことは分かるはずです。でも、通説に依拠する人々は、概して新たな情報には後ろ向きでした。私より若い記者たちのこのような姿勢に、私が残念な思いを抱いていたのは確かです。

そういえば、ベテランのデスクから、こんなふうにも言われました。

「櫻井さんはウルトラ右翼だからなあ」

冗談めかしていましたが、この人は多分本気だったと思います。私は自分の立ち位置が右翼だなどとは全然思っていません。国際社会から見るときわめて真っ当な、中道の考え方です。その私を「ウルトラ右翼」という人の立ち位置は、控えめに言っても国際社会では「リベラル」ないしは「左翼」ということになるのではないでしょうか。

テレビ局も他の世界と同じく、さまざまな考え方の人々が一緒に仕事をしています。報道局の仕事は、自分の意見を言うことではありませんし、なかでも「きょうの出来事」は事実を以《もっ》て語らしめることを重んじていました。ただし、どのような事実を提示するのかには、記者や局、そしてキャスターの考え方も投影されます。

「この事実があります。だからこうです」とまで発言しては行き過ぎになることもあります。

しかし、「こうした事実があります」で止めておけば、報道の役割に沿いつつ、ある意味で、自分の考え方を示唆《しさ》することも可能です。そんな微妙な調整をすることも、ままありました。

テレビの仕事と並行して活字の世界でも仕事をしていたのは、それが私にとっていろいろな意味があったからです。自分が自分でありつづけるために、必要なことのひとつだったと思います。

番組でニュース原稿を自分なりの表現に変えて話すにしても、基本的に毎日十項目のニュースを自分で取材執筆できるはずはありません。報道局の大勢の記者に頼って発言させてもらう存在です。チームワークに支えられているのであり、自分の力ではないのです。

ですから、「文藝春秋」、「中央公論」、いまはなくなりましたが「諸君！」などに書き続けたのは、自分が自分であるためでした。

まるで修行僧のように書きました。「きょうの出来事」を夜中に終えて、そのまま文藝春秋のガランとした編集部によく通ったものです。夜中から明け方まで、編集者の人が我慢強く待って下さっているところで、とにかく記事を完成させるまで書きました。たまに私と同じように締切り間際の深夜の編集部でペンを走らせていた人に、屋山太郎さんがいました。ちなみに屋山さんとは、この深夜の出会いですっかり打ちとけて、以来、尊敬すべき先輩かつ友人として四十年以上のお付き合いをしています。

引き際の美学とは

ラジオ出身の久米さんも、新聞出身の筑紫さんも、テレビを始めたらテレビだけになったと評するむきもあります。私が「テレビだけ」の枠から逃れえたとしたら、その理由は単に「あとさき考えないから」でしょう。

あとさき考えずに「きょうの出来事」を辞したために、いまでも皆さんに苦労をかけてしまったと、すまなく思います。とりわけチーフ・プロデューサーには、後任を探す苦労をかけてしまいました。本当にすまないことでした。

けれど、

「組織には、代役のいない人材などいない」

と私は信じています。世の中はそういうものなのです。自分がいなくなったら番組が潰れるなどとは全く思いませんでしたし、事実そうでした。日本テレビもそこは上手く対応してくださって、感謝しています。

それにしても、「きょうの出来事」の直接の仲間との思い出は、たくさんの楽しいことばかりです。番組が夜中に終わりますと、日本テレビ報道局の社員だけではなく下請けのスタッフもみんな誘って、二、三十人で繰り出しました。朝までよく飲み明かしました。一升瓶が一晩で何本も空きました。親密な付き合いにお酒はつきものでした。

そんな仲間との別れは、みずから決めたことでありながら、心残りなものでした。しかし、辞めるときは自分で決断するしかありません。仕事を始めるときは、基本的に人様に勧められて始めさせていただくわけです。新しい仕事は詳細はよくわからなくても、未知の分野への挑戦の機会として、ありがたく受けとめます。全力を尽くしてやったあとで、どこで一線を引くかは、自分一人の決断でしかありえません。

進むときは人任せ、退くときは自ら決める。どんなに難しくても、自分の引き際は自分で決めるのがよいのです。

一九九六年三月二十九日、金曜日。この日を最後に、十六年間のキャスター生活に幕を下ろしました。

政治家へ「転身」の誘い

この日以降、そして今日この日まで、私は基本的にフリーランスの立場で、仕事を続けています。

テレビを〝卒業〟したとき、新しい仕事に関して、様々なオファーをいただきました。意外だったのはコマーシャルでした。実に面白いことでした。みんなお断りしましたので固有名詞は控えますが、ちょっとした有名ブランドの下着メーカーからのオファーには、本当にびっくりしました。人生ってほんとうに面白いですね。

政治の世界からも声がかかりました。私は政治には、人並み以上に興味がありますが、自分自身は政治には向いていないと考えています。言論を武器に、政治を変えていきたいという気持ちです。

どちらがより強く社会を変えられるか、と悩みはします。政治家になったほうが自分で法律も作れるし、早いのではないかと考えることもあります。しかし衆議院議員になったら五百分の一（五百議席中の一議席）の存在でしかない。参議院議員でも二百五十分の一でしかない。野党の議員になったら何もできない。与党でも、かつては「新人は雑巾がけから始めろ」などと言われたものです。私にそんなことができるだろうか、と当然考えます。

政治家を見ていて感心することは、選挙区への精力の注ぎ方です。毎週金曜日の午後には東京を発って選挙区に入って、あちらの支持者に会い、こちらの支持者に会い、会合を五つも十もはしごして地元の声に耳を傾けます。これは大変な仕事です。それができる人はやはり限られていると思います。

私にはできそうにありません。政治家になっても、おそらく務まらないでしょう。向いていないことに精力を費やしても、くたびれ果ててしまうでしょう。それよりは、不向きなことから距離を置いて、別の形で政治に関わる今の道がいいと自分で判断しました。

ただ、人間というのは面白いもので、自分の限界を忘れることがたまにあります。能力の乏しい大臣がいるのを傍で見ていると、なぜもっと上手くできないのかと思ったりすることもあります。しかし現実論としては、大臣になっても、その省の官僚をどう束ね、どのように一人ひとりの官僚や同僚議員をやる気にさせて動かすか、一つの省だけではだめな場合、省庁間の連携をどう実現するか、など課題は山積しています。

そんなことを考えますと、物事を動かす充分な政治力をもつということは、大変なことなのだと、よくわかります。政治家はたぐい稀な能力を持った人でなければ務まらない職業だということもわかってきます。

私には日本をどのような国にすべきか、したいか、という夢はあります。夢を実現する具体策もしっかりあります。それを国家レベルで実行に移すその能力が、私にはありません。それはやはり、ひとつの時代にひとり生まれるかどうか、というほどの政治家の役割なのです。己を知れば知るほど、私は政治の世界に入ってはいけないと思います。

第3章 楽観性の仕事術——「時間」と「情報」とは

時間管理は意識的に

最近の流行《はや》りは何かしら、と本屋さんの店頭で眺めていて気づいたことがありました。時間の管理に関する本がたくさん出ていることです。

世の中が便利になり、昔なら捻出できなかった時間を、今ではふんだんに手にすることができるようになりました。インターネットを使えば、瞬時にメールで相手と連絡がとれます。必要な書類も簡単に送れます。新幹線も「のぞみ」に乗れば、東京―大阪間が三時間もかかりません。リニアモーターカーが完成すれば、時間の感覚はもうひとつ別次元に進むでしょう。

　東京のビジネスマンの関西出張は一泊二日が当たり前だったのが、今は日帰りが常識といっても過言ではありません。私も、講演や取材で全国各地へ頻繁に出かけますが、ほとんど日帰りです。日中に現地で仕事を終えて夕方には東京に戻り、その後、都内での会合をこなすことも珍しくありません。便利で、およそすべてが快速で動いているいまだからこそ、時間を上手に管理したいと思います。

「リップマン・ギャップ」という言葉を、尊敬する先輩の田久保忠衛さんから教わりました。アメリカの政治評論家、リップマンの言葉で、能力以上に手を拡げてしまうことを意味しています。

「リップマン・ギャップ」は、一時期の私の状態そのものでした。あまりにも忙しくて、すべきことができないのです。週刊誌の締切が毎週二本、産経新聞と月刊誌の原稿、シンクタンク・国家基本問題研究所の研究活動、月例研究会や企画委員会、さらにはインターネット放送「君の一歩が朝《あした》を変える！」の生配信、メールマガジンに加えて、本の執筆もあります。講演も少なくありません。そして何よりも、あの大災害からいまだ立ち直れていない被災地の人々、とりわけ福島の人たちへのささやかなお手伝いも続けていきたい。加えてピアノのレッスンも受けたいし、歌舞伎座へも行きたい。

　こうした日程に、対談や座談会なども飛び込んできます。おまけにフェイスブックも更新しなければいけない。日々の時間は、いっぱいいっぱいです。

　そこで、仕事に関しては、三つに仕分けするよう努めていました。長期プロジェクトで行うこと、中期で行うこと、今日明日ですること、の三つです。

それをメモして、自分の頭の中も整理しておくように心がけました。

もうひとつ、母を介護していた頃の私にとって極めて大事だったのは、母との時間を確保することでした。母については後に詳しく触れたいと思いますが、百歳をすぎても、日々穏やかな微笑をみせてくれる母に、かぎりない感謝と愛おしさを感じていました。その母と、できるだけ多くの時間を過ごしたい。そう思えば思うほど、仕事の分量の整理、暮らしの中の優先順位のつけ方が大事だと実感するようになったのです。

大事にしたい時間は何か

私はほとんど毎日、朝、庭に出ます。忙しいときはせいぜい十分程度ですが、まず雀など小鳥たちに餌をやります。庭には比較的多くの種類の小鳥がやってきます。いちばんの常連が雀です。初夏から夏の終わりまで、親子連れの雀が、自然界の小さな生き物の愛情のやり取りを見せてくれます。

四十雀《しじゅうから》も親子連れできます。自宅の近くの大木に、四十雀の巣があるのを、あるとき偶然に発見しました。四十雀がいつまでもその巣にいるのかどうかは分かりませんが、私にとっては巣の場所は秘密です。黒と白の美しくもモダンな装いで飛来する四十雀を見るたびに、秘密を共有する友だちを迎えたようで、とりわけ嬉しくなります。

他にも、コガラ、アカハラ、ジョウビタキ、ツグミ、ヒヨドリ、ウグイス、メジロなどがやってきます。彼らが喜んで来てくれるように、冬になると果物も庭に置きます。そうそう、カラスもわが家の庭の常連です。

草花にも木にも、目が行きます。とりわけ早春から初夏にかけての庭には、日本の野草が次から次に芽を出し、花をつけてくれますから、ひとつひとつの花を見つけて写真に撮ったりして、忙しくなります。

このような時間は直接仕事にはつながらないかもしれませんが、実はいちばん大事にしたいと思っている時間です。

このような時間に加えて、自分だけの落ち着いた時間を、毎日少なくとも二時間から三時間は確保したいと思っています。勉強したり、考えるための時間です。毎週の記事を書くための資料読みや取材の時間ではなく、落ち着いて勉強することが必要だと、痛感しています。

いまも悩ましき専門分野の欠如

「きょうの出来事」を卒業したとき、手帳に、すべきこと、書くべきテーマなど、いくつかのプロジェクトを書き出していました。

それまでの十六年間、平日の夕方から夜を拘束されていたわけですが、フリーランスに再び戻ったとき、持ち時間が大幅にふえた気がしました。そして提案される企画のほとんどを受けました。私のポスト「きょうの出来事」の目標は、もう一度しっかり書く、ということでしたので、出版社や雑誌社の提案を受けるのは、当然のことでした。

初めから意図したわけではありませんが、中国の動向についてずっと書き続けました。結果として、私の本は中国をどう読み解くかということが、つねに主題のひとつとなっているといってよいほどです。しかしそれでも、私はこの分野の専門家になれていません。長年の経験から勘ははたらきますが、それでも中国問題の専門家には及びません。

じつは、目下の私の悩みというか弱点は、ここなのです。この問題に関してなら誰にも負けない、という専門分野がないことです。こんなことを言うのは恥ずかしいことですけれども、事実です。

ジャーナリストという存在は、得てして好奇心旺盛です。言葉は悪いですが「悪食《あくじき》」です。ついつい何にでも食らいついてしまう。あれもこれも取材して、幅の広さは恐らく誰にも負けないと思うのですが、では光り輝くナンバーワンになった分野があるかといえば、そうではありません。

「きょうの出来事」を卒業してから私が自分に課したことは、自分の専門分野をつくっていくということでした。第一線で仕事ができる時間がどれだけ残されているのかはわからないなかで、これが私の次なる挑戦となったのです。

「きょうの出来事」を卒業するときに、記者会見で、

「これからは論陣を張りたい」

と私は語っています。何のために論陣を張るのかと自問してみれば、「日本をより良い国に変えていくための力になりたい」ということに尽きます。

そのために自分を鍛えなおさなければならず、十年、地道に取材して、学び、書くことが欠かせないと考えました。無責任な評論をするだけでは意味がありません。ジャーナリストとして地に足の着いた論陣を張っていこうと思いました。

その十年が過ぎ去り、この間に日本が良くなったかというと、私は、そうではないと感じていました。海外での日本の地位、評価、存在感は下降していました。段々と追いつめ

られています。その典型例が歴史問題です。このままでは日本が本当にアジアの悪者にされてしまう。大変な危機です。

また、台頭をはたして大国となった中国の前で、日本の国防は甚だしく脆弱《ぜいじゃく》です。この脆弱さを乗り越えて、国防の基本を整えなければ、これまた大変なことになります。

国際社会に日本の姿を正しく見てもらって共感を得なければ、この危機は乗り越えることができません。逆にいえば、日本を正しく理解してもらえば、必ず世界は日本の目指すところをきちんと受けとめ、共感を示してくれます。そのために、日本自身が自らについて語り、発信しなければなりません。私たちがいまどんな国を目指しているのか、日本はどんな歴史を歩んできたのか、どのような価値観を抱いているのかを説明しなければ、国際社会の共感を得ることは、およそ不可能です。

私は日本を知ってもらううえで、日本の国柄を理解し、共感してくれる国際世論をつくりたいと考えました。それが小さいながら「国家基本問題研究所（国基研）」というシンクタンクを二〇〇七年に創った動機のひとつです。もうひとつの動機は、国のあらゆる面での根幹である憲法の改正を目指したい、ということでした。

国基研では、日本国の戦略を研究して、国内外に発信してきました。政治家の皆さん方との交流を通じて、情報や価値観の共有にも努めてきました。ゼロから出発して今、約十五年が経ち、基盤ができてきたところです。いい結果を生んでいると思います。

毎週金曜日、朝八時半から企画委員会を開き、国基研の取り扱うべきテーマを定めたり、すでに進行中の研究プロジェクトの内容を議論したり、その時々の懸案に関しての専門家の講義を聞いたりと、かなりぎっしり詰まった議題をこなしています。

企画委員、理事、評議員のほとんどが学者です。三十年、四十年と専門の研究をしてきた人たちの中に交って、専門分野をもたない取材記者の私が理事長を務めるのは、ある意味、大きなプレッシャーです。そのプレッシャーに負けることなく、私は、日本の真の再生をはかるという志を貫かなければならないと、考えています。

それを励みとして、もう一山越えたいと願っています。その一山が、専門を確立することです。

もちろん従来通りのままでも、やっていけないことはありませんでした。記事も書けます。ディベートも不得手ではありません。国基研でも他の人にはできない、ゼネラリストとしての仕事はできます。けれども、専門家としての深みがないのを、事あるごとに感じます。国基研を始めなかったら、それまでのやり方でやっていけたと思います。けれど、自分が始めたこのプロジェクトをよくよく見つめてみたら、一番勉強しなければならないのは、自分だと気づいたということです。

そこで生じたジレンマは、前述したように、あまりにも忙しくなったことでした。

自分の専門を確立するには、少なくとも数年、そのことだけに集中した学びの時間が必要なのに、それはできません。通常の仕事をしながら、時間を作っていくしかありません。だからこそ、物事に優先順位をつけて余分なことになるべく時間をとられないようにしようと考えています。

でも、人間の関心の幅を一挙に狭めていくことなど難しいですから、きっと私の四苦八苦はこの先もずっと続くのでしょう……。

情報源の見極め方

この本を読んで下さっている皆さんは、ビジネスマンやビジネスウーマンだったり、学生だったり、また主婦の方々など、いろいろだと思います。日常的に新聞やテレビから情報を得て、それを仕事や日々の暮らしに生かしていらっしゃることでしょう。

テレビも地上波だけでなく、ＢＳやＣＳなど、放送のルートが多様化していて、一体どの番組が有用なのか、なかなか把握しにくい面もあるのではないでしょうか。

ここで、私の情報源の一部をご紹介してみましょう。

日本のテレビのニュース番組は、深く掘り下げたり、幅広く物事を俯瞰《ふかん》して伝えるという意味で、充分ではないと思います。かといって、ＣＮＮやＢＢＣがどれだけ信頼できるのかといえば、これもよくわかりません。

そうした中で、国際社会がいまどのような方向に向かっているのかを知るために、つとめて見るようにしているのは、「ハード・トーク」（ＢＢＣ）や「プライムニュース」（ＢＳフジ）、ファリード・ザカリアさんの「ＧＰＳ」（ＣＮＮ）などです。いずれも、各界の専門家を招いて三十分くらい議論させるような番組です。

それから情報源として欠かせないのが英字紙です。ウォール・ストリート・ジャーナルや、ニューヨーク・タイムズの国際版であるインターナショナル・ニューヨーク・タイムズなどのコラムをよく読みます。加えて、雑誌があります。また、各国首脳の演説などは、新聞報道ではなく、演説の原文を読むように努めています。

こうしていきますと、あまりにも読むものが多すぎて、追いつきません。けれども仕事柄、以下の新聞を購読しています。毎日新聞を除く全国紙四紙、在日コリアン向けに出ている統一日報、沖縄の琉球新報と八重山日報、それに先の英字紙二紙を加えた九紙です。

じっくり考えるための「活字の力」

活字情報のよさは、じっくり考えさせてくれることです。ずっと前に読んだことも頭の片隅に残っていて、それが積み重なっていくとき、それまでなかなか摑《つか》めなかった全体の姿が見えてくる。そこから、自分なりの考えを構築できるようになると思います。

様々な断片的な情報が自分の頭の中に星雲状にあったのが、あるとき、じわっと形をつくり始める。別々でバラバラの情報だったものが、有機的につながってくる。星雲状態の情報が少しずつ、しかし、明確に分類整理されてくる。そういう作業が頭の中で行われ、そこに映像という強いインパクトをもった情報が加われば、鬼に金棒だと思います。

ですから私は若い人に、とにかくいろいろなものを読むことを勧めたいと思います。全部が全部、頭に残るわけではありません。けれど、大事なことの一つや二つは記憶のどこかに必ず残ります。それがいつか、ジグソーパズルの最後の一片のようにピタッと嵌《は》まることがある。今すぐに役立つかどうかなんて関係ありません。何でも読んでおいたほうがよいことだけは、はっきりしています。

こんなことを、私は実は、誰よりも自分自身に対して言っているのです。読むべきものがたくさんあって追いつかないと先ほども述べましたが、その中でも、しっかり読み進んでいくことなしには、私の挑戦はただの夢になります。

夢をもつことって大事です。素敵です。でも夢は、それを実現しようとする情熱があって、始めて実現します。

私は長年、夢は必ず実現すると信じて生きてきました。そして、夢を描く能力は、神さまが人間に与えて下さった最高の能力だとも思っています。まず夢を描いて、その夢の実現のための計画を立ててみます。自分にできると思われるペースで実現計画を立てます。そして実行するのです。

一人でできそうになかったら、親友に打ち明けて応援してもらうのもひとつの手です。先輩に引き立ててもらうのも、恋人や家族に支えてもらうのも、よいかもしれません。

周りによき協力者をつくって、一緒に走りはじめることも大事です。

一番大事なことは、その夢の設定です。そして、動き始めることです。

インターネットは使い方次第

日々の仕事や暮らしの中の情報源として、インターネットが大活躍しています。大きな図書館にこもって、新聞の縮刷版や雑誌のバックナンバーを何時間もめくり続けなければ見つけられなかった情報が、いまはネット検索であっという間に引き出せる時代になりました。簡単な調べごとは、ネット上だけで済むことも珍しくありません。

しかし、その利便性も一長一短ではないでしょうか。

インターネット情報には、「編集」という作業を経ていないものが多く存在します。新聞や雑誌の記事の場合、記者やジャーナリストが取材した材料をもとに原稿を書き、それをデスクや担当編集者や校閲者が吟味して、事実誤認はないか、適切な表現かどうか、さらにはより分かりやすく伝える工夫はこれで充分か、という何段階かの編集作業を通過します。その結果が、活字となって読者に届きます。

これはテレビやラジオなどの放送番組の編集作業でも同様です。

学者の世界でも、レフェリーと称される査読委員の審査を経て、論文が掲載される雑誌もあります。

このように、複数のプロの目と手がかかっている分、読者や視聴者に届けられる情報の信憑《しんぴょう》性が高まるのですが、そうでない情報も混在しているのがインターネットの世界です。そこで大事になってくることは、ネット上の情報を鵜呑《うの》みにするのでなく、その真贋をたしかめるための、自分の眼を養うことです。

　ですから、古い手法と思われるかもしれませんが、まずは活字情報を最優先して、自分の記憶に刻み込んでいくのが最善だと、私は考えます。

コミュニケーションにもTPOがある

　情報収集が整ったら、次はそれをどのように活用して発信するかです。

　発信の二大手法とは、「書く」ことと「話す」ことになるでしょう。これはコミュニケーションの二大手法でもあります。

「書く」ことは、何も記者や物書きの専売特許ではありません。日々の仕事でも、何枚もの企画書や議案書、報告書を作成したり、メールをしたためることは、皆さん経験されています。プライベートでも、少数派かもしれませんが、ペン書きの手紙をつづることもあるでしょう。

　文章の書き方について、私が心がけていることは、「ワンセンテンスにワンメッセージ」

です。このことは前にも触れましたが、文章は短めに、一つの文章に一つのメッセージを盛り込み、重ねていきます。この手法がいちばん無理なく、伝えたいことを伝えてくれます。無論、目的に応じて文章を長くしたり、美文調にしたり、比喩を織りまぜたりもしますが、文章はまず簡潔を以って旨とす、ではないでしょうか。

「書く」ことと同じく、「話す」ことも大切です。その話し方にも個性だけでなく、マナーがあります。

テレビ時代の体験に関連して、話すスピードに触れました。

ゆっくり話すと、その言葉が相手にも伝わりやすいことは、確かです。

気持ちが穏やかなときは普通のスピードで話している人も、気持ちが高ぶってくると早口になることが、よくあります。そんなときに、意思の疎通のすれ違いが生じがちです。ゆっくり、は大事なことなのです。

もうひとつ、大事なことは、大きな声で語るよりも、小さな静かな声で語るのがよいと感じます。相手の人が、身を乗り出して聞き入る状況をつくり、その状況のなかで、もっとも大事なことを語るのです。相手にこの点をとくに伝えたいとき、こちら側が大きな声で身を乗り出して語るより、相手方に身を乗り出させることができれば、成功だといえます。

発する言葉の語調の問題だけではありません。話す中身も押したり引いたり、右へ踏み込んだり左へ退いたり。駆け引きというと大げさに聞こえるかもしれませんが、ＴＰＯに応じた会話を目指してみると、思った以上に、相互の理解が進むのではないでしょうか。

論争力を鍛える秘訣

ジャーナリストの仕事の一つに、論争があります。ある事象に対して、Ａという考えを示す人と、正反対のＢという考えを示す人がいるとします。たとえば、「小学校での英語教育は、必要か否か」という論争ならば、「早い時期から英語に親しんでこそ、外国語に臆することのない真の国際人が育つ」という考えの人と、「まずは国語教育を拡充させなければ、論理的思考が身につかず、国際社会では戦えない」という主張の人が、真正面からぶつかることが想像されます。

論争の場合、双方の主張に必ず一面の真実があります。同時に不足の要素や矛盾も必ずあります。そうしたプラス面とマイナス面を見極めることから論争ははじまります。

私も数多くの論争に参加してきました。

中国や韓国の専門家を相手にした歴史論争も、その一つです。こうした討論では緊張する場面も多々あります。

そんな場面で大事なことは、どういうふうに事実に沿いながら相手を納得させるかです。強く言うだけが能ではなく、いかに事実を相手の心の中に届けるかが大事です。

論争相手は学者ですから、私などより遥かによく物事を知っているでしょう。けれども、たとえば中国人学者のような場合、彼らはきっと、自分の祖国に都合のいい「歴史」ばかり習っていますから、あるいは教えていますから、日本人から見れば穴がたくさんあるに違いありません。

ですから、基本は相手の言うことをよく聞くことです。どこにその穴があるかを見極めることです。彼らの主張の矛盾をしっかり頭に入れて、即、そこを突いていきます。

中国の「日本専門家」たちと、「文藝春秋」の企画で七時間も九時間も論争したことがあります。相手は清華大学という、日本でいえば東京大学のような一流大学の劉江永教授や、中国社会科学院近代史研究所長の歩平氏らでした。

緊張しましたが、非常に面白い体験でした。

彼らは中国では一流の学者です。専門分野をもっています。けれど、中国共産党の定めるとおりに歴史問題などを語らなければなりません。ですから彼らの主張の矛盾をこちら側が指摘するたびに、厚さ十センチほどもあるマニュアル本をめくって「正しい」回答をしようとするのです。論争は事実に基づいて展開する側に分があります。彼らは、彼らの主張がどんなに矛盾していてもそれを認めませんが、国際社会の普通の討論では、彼らの矛盾は明らかです。

論争の局面では、事実を最重視することが大事ですが、もうひとつ大事なことは、心構えです。胆力です。前向きに気合を入れるのです。「よし、日本のために闘おう」と覚悟して、知的に死力を尽くすことです。

「わかり合える」ことの難しさ

これからの時代、日本人には海外とのコミュニケーションが、これまで以上に求められます。国や企業などの大きな組織だけでなく、一人ひとりの個々人のレベルでも同じです。インターネットの発達で、それこそ見知らぬ人どうしが、国籍や社会的背景にとらわれずに、連絡をとれる間柄になりました。

だからこそ、「何でもわかり合えることが一番大事」というコミュニケーションばかりを求めると、実は危ない落とし穴が潜んでいることを、知っておいてほしいのです。

文化や歴史が違う国の人と完全にわかり合えることは、期待しないのがよいかもしれません。ただし、事実を伝えることはできます。

「私はこう思います、私の育った文化ではこうなっています」ということを相手に伝えましょう。「わかってもらえるかどうかわからないけれども、これが私の国の常識です」という主張をするのです。

万が一、通じなくても、それが世界の実態だと思いましょう。そのうえで相手の立場になって、考えてみましょう。「通じない」ことのフラストレーションを感じているのは、相手も恐らく同じです。

こちらがフラストレーションを感じるときには、向こうもフラストレーションを感じるはずです。

こちらが嬉しければ、向こうも嬉しい。

こちらが祖国・日本を誇りに思っていれば、向こうも自分の祖国を誇りに思っているはずです。

ですから、お互い正面から向き合うところまで行くことが大事で、そこまで行ったら、さらに一線を越えて理解の次元に到達できるとは思わないほうがよいかもしれません。

大事なことは、

「agree to disagree」

なのです。

「互いの意見が違うことを認め合う」ことです。異なる文化、異なる歴史を有する人々と関わるときの、これが基本です。

互いに異なることを認め合えれば、わかって貰えない、自分の意見が捻じ曲げられている、などと感情的になりがちな気持ちが落ち着いてきます。お互い、同意できないのが常識なのですから、同意を求める前に、事実確認をきちんとしましょうと考えられれば、建設的になれます。

冷静な思いで相手を見つめれば、論争していても、相手のどこが間違いでどこが正しいのか、どこが矛盾しているのかを、見てとる余裕が生まれてきます。けれど、「何が事実か」ということは、自明のようで、じつは定義が難しいことも知っておきましょう。

このたとえが最善かどうか自信がありませんが、私たち日本人は雪を見たときに「白い」と認識します。事実、雪の色は、「赤」でも「青」でもなく、「白」です。英語なら「white」です。でも、同じ雪をイヌイットの人々が見たとき、その色は「白」ではなく、何通りもの色に表現するそうです。

もうひとつ。私たち日本人は虹を「赤、橙、黄、緑、青、藍、紫」の七色でとらえていますが、ドイツ人は「赤、黄、緑、青、紫」の五色と見ているそうです。

面白いですね。同じ事実を見ていれば、同じ認識を共有できるという以前に、「同じ事実」の定義すら、難しいのです。

それだけに、何が事実かという定義自体の問題も含めて、どの範囲での合意を求めるのかを考え、譲るところは譲るという気持ちも持っているほうがいいと思います。

笑顔も論破するときの武器になる

物事をなるべく上手に表現することも大事です。怒鳴るような強い言い方よりも、まず相手の主張に耳を傾ける姿勢が大事です。反論するにしてもその振舞いと言葉の表現において、相手の言い分に十分な配慮を示すことが大事です。もし、相手が正しいことを言っている場合は、フルサポートを与えるべきでしょう。

誰しも全面的に否定されたら、嬉しいわけがありません。否定されてもプライドを失わないような否定のされ方なら、人間は折れることがあります。そのことを常に頭に入れておくのは存外、大事なことなのです。

　もちろん、木端《こっぱ》微塵《みじん》に打ち砕かなければならない相手もいます。完膚なきまでにやっつける必要があるときは、そうするほうがいいのです。ただ、そういう例は少ないと思います。

　薬害エイズ事件の追及で、私は帝京大学教授の安部英《たけし》氏と対立しましたが、安部氏にも救うべき面はあったでしょう。東大医学部の講師をしていた頃は、患者から慕われるドクターでした。東大時代の氏を、患者さんはみんな、優しい思いやりのある医師だったと言っていました。彼は帝京大学の教授ポストに就いて、大学内と厚生行政における権力を手にしたときから変わったのだと思えてなりません。

　私自身は、個人的に批判されることがあっても、あまりこたえません。もう三十年近く前のことですが、「噂の眞相」という雑誌で、あることないこと、ではなくて、ないことないことを書かれました。あまりにひどい内容でしたので、普通の名誉毀損ではなく、刑事告発まで考えました。そのとき、元東京地検特捜部長の河上和雄さんが「裁判に訴えれば、君の多くの時間が失われる。つまらないことではないですか」と助言して下さいました。そうだと思いました。

今ではもう個人的なことを言われても、あまり怒る気がなくなってしまったような気がします。

憤りがあるとすれば、公憤です。たとえば、中国や韓国は日本をどうしてこんなに傷つけるのだろうかと、そういう公憤のほうが私を強く揺り動かすようになりました。

若い頃を振り返りますと、その場その場で全力投球をしてきた結果、ひとつひとつの議論、いいかえれば局地的な議論においては、自分が正しかったと信じることができました。ただ、一本の木を正しく捉えていても、森全体を正しく捉えているかどうかは別問題です。森を正しく認識していたかということについては、思い返して忸怩《じくじ》たるものがあります。ありますが、取材した範囲内に関しては、絶対負けないという気持ちは持っていました。気が強いというより、そのくらいの信頼を自分に対して持てなければ言論活動などできないということでしょうか。

現在は、前より少しは森が見えるようになった、という気が自分ではしています。しかし、もっともっと遥か遠くまで見通している人はたくさんいるわけですから、その人たちには敵いません。硬い言葉でいえば、私はまだまだ浅学菲《ひ》才《さい》の身です。それは謙虚に受けとめなければいけません。

話している場では和やかな雰囲気なのに、あとで文字に起こしてみると私の発言は途《と》轍《てつ》もなく厳しい内容だと言われたりもします。それは、ありとあらゆる力を使って論駁《ろんばく》しなければいけないと思っているからです。笑顔もその力のうち。優しく微笑むことが相手に対して有効であれば、どんなに嫌な相手でもいくらでも微笑むことができる、勁《つよ》い私でありたいと思います。

第4章

目指すは「食う、寝る、歩く」の三冠王——「健康」とは

徹夜がつらい

私は健康にはとても自信があります。ただ、年齢のせいでしょうか、体力は落ちていま
す。その顕著な例の一つが「徹夜」です。

徹夜が利かなくなりました。仕事に追われる働き盛りの世代は、徹夜となかなか縁が切れません。物書き仕事だけでなく、営業マンなら資料作成で、当直のお医者さんなら急患の発生で、Ｗｅｂ関連の現場の人々も昼夜を徹して作業に追われることも多いはずです。当然、無理を重ねます。

でも私は、無理に徹夜するとその後の回復に時間がかかり、最終的には効率が悪くて、あわないことが明らかになりました。

そう思い始めたのは、六十歳を過ぎた頃からです。それ以前は、徹夜はきついことには違いありませんでしたが、頑張れば徹夜しても整合性のある文章が書けていました。最後にもう一回見直して手を入れて完成です。そんな日の朝は達成感で満たされていたもので

す。

それが、いまでは思考が堂々巡りしてしまいます。書く途中で資料調べをしても、何だか頭が回転しない。この仕事が終ったら楽しいことをしようと思い浮かべて自分を励ましても、自分を鞭打っても、どうにも思考が展開しません。頭がエンストを起こしたような感じになるのです。

二十代の私は夜型の人間でした。なぜか三十代になった頃、とにかく朝早く起きるようになりました。どれだけ遅く就寝しても、早起きは変わりません。現在も朝型です。夜が更《ふ》けて能率が上がらなくなったら、店じまいを決めて、すぐに休みます。

もともと私は三秒で熟睡し、三時間眠るとかなり回復します。起きてペンを取ると、また書けるようになっていますから、計算しやすいのです。

それにしても、睡眠ほど、多様なものはありません。健康維持に必要な睡眠時間は、同じ人間なのにどうしてこんなに違うのでしょうか。最低でも八時間は必要という人もいれば、かのアインシュタインは十時間だったようです。反対にナポレオンは三時間で充分だったといわれています。

少ない睡眠で大変な活躍をすることに憧れる人もいます。一九七一年七月に秘密裡に北京を訪れ、周恩来首相と会談したヘンリー・キッシンジャー米大統領補佐官は、三時間睡眠で大丈夫といわれた人物です。ニクソン大統領を補佐して八面六臂《はちめんろっぴ》の活躍をしたキッシンジャー氏に憧れていたアメリカ人特派員の一人は、キッシンジャー氏の真似をしていつも睡眠不足で赤い目をしていました。そんなふうに努力するのは大事ですが、彼の三時間睡眠はその後もつづいたのかは知りません。

　でも、三時間睡眠を真似る人はいても、アインシュタインの十時間睡眠を真似る人には会ったことがありません。人間って、基本的に働き者でまじめなのかもしれませんね。

　私はといえば、睡眠時間は少ないほうだと思います。二十代の終わり頃に六か月間、東南アジアを取材して記事を書いたことがありました。長く滞在していたホテルに日本の友人が来て、一週間ほど私の部屋に泊まったことがあります。そのとき彼女が言いました。

「よしこさんって、いつ寝ているのかわからない」

　その代わり、寝つきはとてもいいのです。富山県八尾の「おわら風の盆」に、母や友人たちと十人ほどで出かけたことがあります。男も女も、老いも若きも、町の人はおよそ皆、おわらに情熱を傾け、三味線、胡弓を弾き、歌い踊ります。一人ひとりが芸を磨いて、女性は本当に女性らしく、男性は惚れぼれするほど男性らしく輝きます。町ごとにグループをつくって、八尾の通りを流すのです。

お祭りは、真夜中を過ぎるころから佳境に入ります。見物慣れした通《つう》は、夜中から明け方まで踊りの列を追いかけながら楽しみます。徹夜のおわら見物に備えて夕方から夜中までひと眠りするのが見る側のコツです。でも、どの人も旅先ですし、地元の踊りや胡弓の名人などと会って興奮して眠れません。しかし、私だけは例外でした。

「じゃあ、ちょっと寝るわね」

それを聞いた友だちが振り向いたら、私はもう枕に頭をつけて熟睡していたといわれました。こんなふうに少しの時間も無駄にしないで眠れるほうです。

朝寝坊より昼寝のススメ

「きょうの出来事」を担当したのは一九八〇年から一九九六年でした。番組が始まるのは夜の十一時です。終わったらすぐ家に帰るのが普通でしょうが、私たちは週に一度か二度は揃って飲みに行っていました。朝五時まで開いている店については、実に詳しい情報をもっていました。行けば、若いスタッフには十分食べてもらいます。飲んでもらいます。報道にはお酒の強い人たちが集まっています。そんなことで、お店に行けば一升瓶が空になって並びました。私もキリッと冷えた日本酒が好きでした。けれど、私は自分が飲むよりも人に飲ませるほうが好きでした。

皆で出かければ帰宅は朝五時などということも珍しくありませんでした。しかし、私は一つ決めていたことがありました。

「どんなに遅く帰っても、朝七時には起きる」

ということです。

テレビ報道をはじめたころ、夜更かしした翌朝は十時まで、あるいは十一時まで休んでいるうちに、昼夜逆転とまではいきませんが、ずいぶん変な生活になってしまいました。そうしてある時期、疲れが溜まり始めたのです。文字通り、惰眠をむさぼりたい、という誘惑に駆られます。そしてそのようにしても、疲れは一向にとれないのです。

そこで一大決心して、どんなに遅く帰っても、あえて七時に起きると決めました。とにかくベッドから出てお風呂に入り、髪も綺麗に整えてもらいます。仕事のある日は美容師さんに家へ来ていただくのですが、これは昔もいまも私の唯一の贅沢です。

朝から身なりをきちんとすると、落ち着きます。気分も明るくなりますし、発想も前向きになり、力が漲《みなぎ》ってきます。

朝早く起きて、後述する日本の伝統的な朝食をしっかりとるように、毎日の習慣を変えてからは、体調がとても良くなりました。

女性の朝の身づくろいは男性に比べて大変だと思われるかもしれませんが、意外と女性のほうが楽な面もあります。男性は朝に鬚《ひげ》剃りをしても夕方にはまた伸びて〝ファイブ・オクロック・シャドウ〟の状態になって、また剃らなければならないこともあります。それに引き替え女性は、朝に薄化粧をしたら一日中そのままです。あまり面倒なことはありません。髪のブローも入れて、毎朝三十分くらいで済みます。

早起きすると「午前中」の時間がたくさんあり、一日が長くなったようでとても嬉しいものです。ですから、今でも私は早朝に起きます。そのために、なるべく十二時前にやすむようにしています。

睡眠不足でどうしても疲れが抜けないときは、二、三十分昼寝すれば回復します。もし早くから起き出して仕事をした結果、夕方までに疲れてしまうようなことがあれば、その日は、自然と早く寝ますので、早起きにも無理がなくなります。そういうよい循環がいまの私にはできています。

皆勤賞は心身の健康の証

お蔭で、ニュースキャスターをしていた十六年の間、風邪や他の病気で番組を休んだことは、一度もありませんでした。

皆勤賞です。よい視聴率よりもなお、この皆勤賞を私は誇りにしています。

前にも触れましたが、テレビのニュース番組は完全にチームワークです。社会部、経済部、政治部、外報部が取材し、チーフ・プロデューサーが最終的にまとめあげていくものです。キャスターとして画面に出ている者は、最後の仕上げに一筆を加えますが、番組をつくるのは関係者全員の力です。どんなに優れた報道をしたとしても、それは報道局としての仕事です。

しかし十六年間一度も病欠がないということだけは、私は褒められてもいいのではないかと、密かに思っています。

生身の人間ですから、十六年の間には風邪ももちろんひきました。でもなぜか、金曜日の夜にひいて、月曜日には治ってしまうのです。週末の間だけ、いうなれば「一泊二日」の風邪でした。鼻声で出演したことはありますが、寝込むのは土日だけでした。

番組に対する責任感と意欲で、身も心も支えられていたと思います。子供たちは学校でいろいろな賞をもらいます。その中で皆勤賞の子が一番偉いと私は思っているのですが、私は大人になって皆勤賞を受けたのです。これは、すごいことではないでしょうか。

体にいい食事は「お腹が教えてくれる」

健康を保つために大事なことのもう一つは、朝ご飯です。

朝寝をしても疲れが溜まった時期、人前では元気そうな顔をしましたが、どうにも本調子になれないのです。皆さんもそんな経験はありませんか。

そんなある日、当時は麴町にあった日本テレビの近くにヘルシー館というレストランがありました。名前に魅かれて行ってみました。そこでお食事をしたら、お腹が「ああ、幸せ」という感じになったのです。

「ああ、美味しい」には二種類あります。とても上手に調理された美味なるものへの賛辞と、体が自然に喜んで感動しておぼえる美味しさです。

そのときの美味しさは、自分のお腹が「ああ、これなのよ」と頷くような、すごく落ち着いた不思議な感覚をおぼえた美味しさでした。

その料理は昔、母がつくってくれたようなお食事でした。主食は玄米で、具がたくさん入ったおみおつけと、お野菜の煮付けなどで、格別洒落たものではありません。一汁三菜のお手本のような食卓でした。

レストランらしい洒落っ気はないのですが、「ああ、これだ」というのをお腹が教えてくれたように感じました。その店のおかみさんに、

「すごく美味しくいただきました」

とお礼を言ったのをきっかけに、いろいろな話を伺いました。実はその方のお父様がガンを患い、お父様を元気にするために始めたのが、食事療法だったというのです。ご兄弟が三人おられて、その方たちは、

「手術で治そう」

と主張したのだそうです。けれど彼女は、自分が絶対お父様のガンを治してみせると、極力動物性の脂を使わない、動物性タンパク質を取らないなど、ありとあらゆる工夫をしました。兄弟の皆さんが、

「そんなことをしてお父さんが死んだらどうする」

と反対しました。しかし彼女は、

「絶対これで大丈夫」

と言い張って、必死に体によいといわれる食事をつくったのだそうです。するとお父様がだんだん元気になりました。それからお店を開いて、世の中に大勢いる不健康な人に食べてもらおうと始めたのがヘルシー館だったわけです。

健康の源は朝ご飯

「ああ、これだ」と確信して、おかみさんに料理のコツを教えてもらいました。

そこでわかったのは、作り方も発想も、母のおみおつけ作りとほとんど同じだということでした。つまり、子供の頃、母がつくってくれた日本の伝統的な食事に、私のお腹がごく自然に反応し、喜んだのです。

以来、毎朝きちんとつくって食べるようにしました。そうしたら、本当に元気になったのです。

「あなたは思い込みが激しいから、そう思うだけでしょう」

という人もいます。たしかに私は信じやすい面も持ち合わせていますが、私の健康は基本的に規則正しい生活のリズムと、この朝ご飯のお蔭だと思います。

わが家の朝の食卓は、こんな様子です。

たまには白米にすることもありますが、基本は玄米です。具だくさんのおみおつけ、納豆か海苔《のり》。前の日の残り物があれば、それも一緒に出します。お客様がいらしたときにこうしたものを用意しますと、みなさん、

「本当に美味しい」

と仰《おつしや》います。お代わりをする人もいます。

おみおつけには細かいルールがあるわけではありませんけれど、具は最低七種類入れます。八種類でも九種類でもよいのですが、七種類は確保しましょう。そして赤・黄・緑の色がなるべく入るようにします。根菜類が中心です。そして味付けは、その日の気分次第です。お味噌なら二、三種類を合わせます。塩や醬油でもよいと思います。

別に手が込んでいるわけでも、贅沢をしているわけでもありません。こんな当たり前の、そして昔ながらの食卓が私の健康の源です。

母のお弁当の記憶

想い起こせば、母も料理が好きな人でした。時代が時代ですから、最近のようにしゃれた献立てではありません。でも、私は母の味が忘れられずにいます。

母の料理で、中学や高校のときに好きだったのはチキンスープでした。鶏の出汁《だし》で、野菜と鶏肉をたっぷり入れた、コンソメ風の透きとおったスープです。山芋を擂《す》ってお出汁でのばした冷たいおつゆも大好きでした。チュルチュル、チュルチュルと飲みました。

ちらし鮨も抜群に美しく、そして美味しいと思いました。いまも私が真似してつくりますが、お客様の評判も上々です。

母の時代は、何でも家でつくったものです。うどんも家でつくりました。

私は田舎育ちですからケーキ屋さんなどほとんどなくて、ケーキといえばショートケーキくらいしか知りませんでした。そんな時代に、母はオーブンのような陶器の窯で焼きリンゴを作ってくれたのです。リンゴは焼くと甘味が強くなります。なんて美味しいのかしらと思いながら、兄と二人で食べたのを覚えています。薩摩芋を蒸《ふ》かして潰し、少しクリームを入れて茶巾絞りに絞ったものを、母はさらに焼いてくれました。焦げ目がついているのがとりわけ私の気に入りでした。

お弁当も可愛らしくつくってくれました。お弁当については、忘れられない思い出があります。

大分県中津市の大幡《おおはた》小学校に通っていたときのことだと思います。海苔ご飯におかずを詰めたお弁当箱をハンカチーフで包んで、ランドセルを背負って学校へ行ったのです。私は嬉しくて思いっきり手を振って歩いていました。そうしたら紐が解《ほど》けてポーンとお弁当が飛び、蓋が外れて中味が地面に引っくり返ってしまいました。

　私は一年生か二年生だったと思います。おもわず泣いてしまいました。そこへどこかのおじさんがやって来たのです。

「大丈夫だよ」

と言って弁当を拾い、中味をまたポンとひっくり返して、戻してくれました。

「泣いちゃいけないよ」

と、ハンカチーフに包み直して持たせてくれたのです。

さて、私にはその先の記憶がありません。きっと泥もついていたでしょうに、そのお弁当を、はたして私は食べたのでしょうか。子供には一大事だったこのお弁当事件、顚末《てんまつ》はわかりませんが、忘れられない思い出です。

料理は環境でうまくなる

私が自分で料理をつくるようになったのは、十八歳でハワイに住み始めてからです。といっても一人暮らしをはじめたわけではありません。

幼い頃からずっと父は、母と兄と私を残して別居し、東京で他の女性と暮らしていましたが、その後日本料理店を出して、ハワイに単身出かけたのです。その父と私が、初めて一緒に住むことになったわけです。

高校を卒業する頃に、

「よしこちゃん、ハワイへ行って頂戴」

母に言われて、びっくりしました。それでも、

「はい」

と素直に答えたのを覚えています。家庭環境を見て、私が行くしかないと、直感的に思ったのです。

しかし、あのとき一番大変だったのは母だったと思います。十八になったかならないかの娘を突然手放して、英語もおぼつかないのにハワイへ送り出し、しかも一緒に暮らした記憶のない父親のもとに行かせるのですから。一番心配してくれていたであろう母が「行きなさい」と言うのですから、私は当然、従いました。

行ったら何が待ち受けているのかなど、考えもしません。のんびりと地方の町で育った

世間知らずでした。父がどういう性格でどういう趣味の人かもよくわからずに、

「お父さんがひとりでいらしてるから、よしこちゃん、お父さんを大事にしてあげて頂戴ね」

と言われて、父の身の回りの世話をするのが大事な役割なのだと考えました。

当時、父はハワイで大きな日本食レストランを経営していました。料理人の手が足りないと、自分でもお刺身を切ったり、お出汁を取ったりしていました。料亭「辻留」さんの料理本などを揃えて、お客様に出せる本当に美しい澄んだお出汁を取っていました。私も見よう見まねで手伝わされて、いわゆるお客様用の正式な料理を教わったわけです。

以来、基本的な食事はずっと自分でつくってきました。料理のアイデアが浮かんで、どの器にどう盛るかと考えるのはとても楽しいことです。日本人は誰でもそうでしょうが、器を楽しみます。

これには父の影響もあると思いますが、母にも共通する嗜好です。由緒正しいお皿があったわけではありませんけれど、母は日常の食卓を大事にする人でした。テーブルを綺麗にして、花を摘んできてお料理の側に置いたりしていました。

食卓で学んだこと

家庭で食事の占める比重は、とても大きいと思います。

子供時代の私の家では母と兄と私の三人の、とても楽しい時間で、必ず揃って食べました。その日の出来事について、三人が向かい合って話すことのできる大切な時間です。そのしきたりは、兄の友だちが来て一緒に食卓を囲むときも同じで、誰かが勝手に食べ始めるなどということはありません。

ところが近頃では、家族がそれぞれ別々に、食卓に置いてあるものをてんでんばらばらに食べる家庭も多いようです。とても違和感を覚えます。食事は一番楽しいことなのですから、みんな揃って、

「いただきます」

と始め、

「ごちそうさま」

で終わるのがよいと思います。美味しいごはんを、家族や親しい友だちと一緒に、気のおけない話をしながらいただくことほど、幸せな時間はありません。

そういう食事の習慣が身に付いたせいか、いまでも私は間食はあまりしません。もちろ

んお茶やケーキはいただきます。小さい頃も母はおやつをつくってくれましたから、その時間になると兄と二人でそわそわしていた記憶はあります。けれども、しょっちゅう何か口に入れているということはありません。

食べるときは食べることに集中するし、遊ぶときは遊ぶことに集中する。よく言えば勉強するときも集中するという具合になるかもしれませんが、要は目の前のことに一所懸命になるわけです。

ハワイの学生寮にいたとき、隣の部屋のハワイアンの女の子に、

「ヨシー（私をみんなヨシコと言わずにそう呼んでいました）は何をするにも集中する」

と呆《あき》れられたことがありました。

その点、大人になってから、食事の席でのマナー、たたずまいが気になります。

鮨屋に行くと、職人さんが握ってくれる、あの握りたてが一番美味しいのです。それをお喋りに夢中になっていつまでも食べずに置いて、乾いたような握りを見るのは、他人事であっても悲しいです。職人さんも嫌なことでしょう。私は握りが出てきたら、間髪を入れずに口に運びます。天ぷらもアツアツが一番美味しいのですから、天ぷら屋に行ったら揚げたてを、ほいと口に運びます。活きのいい食べ方が好きです。

「食べたいだけ食べる」でもよいのか

五十歳を過ぎたころから、知らないうちに太るようになりました。腕などもほっそりしていたのが、ぼてっと脂肪がついています。

初めてのことにびっくりしました。別に大食いしなくても丸くなるのです。新陳代謝が鈍くなってくるのです。身体にシャープさがなくなって、丸く丸く変わっていくのを自覚しました。

どうしたものかと思っているときに、林真理子さんが三枝《さえぐさ》成彰《しげあき》さんと一緒に二泊三日とかの絶食療法をした、と「週刊文春」に書いていました。たしかに三枝さんは一時期、すっかりほっそりと若々しく〝変身〟されました。お会いした際に「どうしたのですか」と聞きましたら、

「林真理子さんと一緒にダイエットした」

と、やはり仰った。なるほど食べないことが大事なのだと思いましたが、次にお会いしたらまた戻っていました。

「いやあ、リバウンドするんだよね」と。

二、三日絶食しても、また戻るのでは困りますね。大事なことは、普段から食べ過ぎずに抑えることなのですね。

自宅で食べるときは、最初から量をコントロールできます。

ただ、仕事の関係で外食するときには、なかなか難しい面もあります。おもてなししてくださって、たくさん美味しいものが出されます。みんな平らげていては、本当にぐんぐん肥ります。

そこで、本当に申し訳ないのですが、どのお料理もみんな半分残すことにしました。和食で小鉢が七つあったら、三つだけ好きなものを選んで食べる。あるいは、全てのお料理を半分だけいただく。お椀も半分、お刺身も一切れか二切れ、お肉も半分、お魚も半分。それを基本にしたのです。それではお金を出してご馳走してくださる方に申し訳ないし、つくった方にも申し訳ないのですが、しかし全部美味しいといって平らげていたら、今度は私自身に申し訳ありません。堪忍していただくことにしました。

こうして、例外はありますが、基本的に外でいただくときは半分。あとはなるべく食べすぎないことを心掛けます。

ただし、前にも申し上げたように、朝食はしっかり食べます。朝は一番大事な食事だと思います。お昼は野菜ジュース一杯でも大丈夫ですし、抜いても構わない。極端にいえば、夕食も抜いても大丈夫。

朝さえちゃんと食べれば、もうあとは水を飲んでいれば済むくらいの気持ちでいます。

「歩け、歩け」と言われるが……

健康管理については、専門家だけでなく、多くの方々がご自身の体験に基づいて、いろいろな知恵を発表されています。私の場合は、睡眠と食事には、自覚的に取り組んできました。

でも、一つだけ弱点があります。運動です。

運動は、私の最大の弱点です。人間ドックで、運動や睡眠などの数値を星形のグラフにしたのを見ると、運動のところだけいつも凹《へこ》んでいます。

「一日にどのくらい歩きますか」

と何年か前に聞かれて、

「五分」

と答えました。

「論外です。とにかく歩くようにしてください」

と医師に指示されました。翌年、私も歩くように努力したなあと思って、こんどは「十分」と書きました。

「まだ駄目」と再び注意です。

「一日三十分くらい歩きなさい」

なんだ三十分でいいのか、と思う方もいらっしゃるかもしれません。しかし私の仕事は自宅で原稿を書くのが主ですし、外での取材や講演、さらには打ち合わせへ行くときも、歩けばよいようなものですが、時間がないのでつい車に乗ってしまいます。結局、どこへ行くにも車になります。ですから、歩くのは意識的に散歩する時間をつくったときです。それが実際、なかなか実行できないのです。

背筋を伸ばすと、いいことがある

それでも私は、姿勢がよいと言われます。

「背筋がしゃんと伸びているのは、テレビ時代に意識された結果ですか？」

とも訊かれますが、いえいえ、それは小さい頃から変わらないようです。子供のころから自転車に乗っていても背中が真っ直ぐだとよく言われました。母に「姿勢をよくしなさい」と躾《しつ》けられたのです。それに、茶道の稽古では必ず、

「お茶では姿勢をきちんとしなさい。それが基本ですよ」

と言われます。

若尾文子さんや藤村志保さんの着物姿を見ると、姿勢がよくて佇まいが綺麗です。着物をお召しになる方で綺麗に着こなす方は、みなさん姿勢がよいのです。和服のほうが立ち姿も鍛えられるようですね。

姿勢がよいと、声もお腹から出てくるのです。声楽家の方は、歌の練習をする前に、まずは呼吸の仕方を覚えるそうです。腹式呼吸ですね。腹式呼吸をマスターすると、お腹から声が出てくるようになります。

講演をしていても、喉から声を出していたのでは途中で嗄《か》れてしまうと思います。私は一時間や二時間講演をしても途中で水を飲む必要を感じません。意識してそうしているわけではありませんが、たぶんお腹から声が出ているからではないでしょうか。対談や討論会で論争するにも、長時間でも姿勢を崩さずにお腹から発声を続ければ、迫力がでます。

健康でいることは、本当に大切です。

仕事を続けていくうえで、頭脳明晰であることも大事ですけれど、それを支えるのは体力です。

このことをしっかり覚えておきましょう。人間の頭脳も心も、それを動かす身体の中にあるのです、と。

第5章 「豊かな人生」を生きるには――「お金」とは

故郷の景色の記憶は、何物にも代えがたい

振り返って、つくづく思います。子供時代はなんて無邪気で、幸せな時間に満ちていたのだろう、と。

ベトナム・ハノイで生まれた私は、日本に引き揚げてきたのちに、大分県中津市で一歳から十三歳までを過ごしました。福沢諭吉が幼少期を過ごした町が、中津です。

思い煩《わずら》うこともなく、あんなに幸せな子供時代を過ごしたのは、驚嘆すべきことです。終戦直後の時代に加えて、海外からの引き揚げ者ですから、お金は全くありません。はじめは六軒長屋の端っこに住み、その後、二軒繋がっている家の片方に住んでいたのですが、物のあるなしや貧富の感覚や差別がなく、ともかくある物で充足して過ごすという生活でした。

夜はよく涼み台で、星を見ながら、母が団扇《うちわ》でぱたぱたあおいでいました。夏の夜の暑さをこうしてしのぎながら、いろいろな話を聞かせてくれるのです。空の星々の物語と、

あの甘美なまでに澄みきった夜空の光は、まるで魔法のように幼心に沁みこんでいきました。

昼間は縁側や涼み台で真っ赤な西瓜《すいか》を食べました。絵に描いたように真っ赤な西瓜に真っ黒な種――じつに鮮やかな色の思い出として残っています。

色彩といえば、朝顔です。

朝は朝顔の花を摘んで、水の中で絞って色水をつくるのです。その微妙で透明な色に魅せられて、飽きることなく色水づくりをしたものです。

考えてみれば、敗戦後の日本の貧しさの中で、母はいつも穏やかさと柔らかさを周辺に漂わせていました。その母に守られて、兄も私も屈託のない、子ども子どもした幸福な時間を過ごしていました。

遊んだ記憶は無尽蔵です。

大分県中津は市ですが、田舎です。小学校へ行くのに山道通りがありました。右側が小高い山で、左の下のほうに田圃《たんぼ》が広がるその間に、曲がりくねった山道が続いているのです。その山と田圃が、四季折々にとても綺麗でした。

半世紀もまえのことですが、その記憶は今でも色鮮やかに蘇ってきます。

冬が終わって早春になると、田圃が掘り返されます。ベージュ色の乾いた土一面だった田が、真っ黒に瑞々《みずみず》しい土の色になります。そこにやがて水が張られ、小さくか細い稲の苗が植えられます。昔はみんな手植えでした。本当にか細い苗が風に倒れそうになりながら立っているのですが、すぐに大きく丈夫に育って青々と茂ります。稲の穂先が風の吹くたびに揺れます。風の吹く方向に緑の漣《さざなみ》が立って、光の中でえもいわれぬ緑の海になるのです。

その頃、山も青々と葉が茂り、花が咲いて、思いがけないところに深い藍色のリンドウの群棲《ぐんせい》が姿を見せます。田圃ではあっという間に稲穂に実が付き始めます。スックと立っていた稲穂がだんだんと頭を垂れていき、やがて一面黄金色になります。金色の海です。風に揺れて波となり、光の下、神々しいまでの金色の波で、この世を満たしてしまうのです。そして、独特の稲の匂いが空気に充ちてきます。

稲刈りが始まると、脱穀した後の藁《わら》を田圃に積みます。三角形に、規則正しく一定の距離で積み上げると、たちまちのうちに幾何学模様ができます。子どもの目にも、その美しさが焼きついていています。

けれど、子どもの世界はイタズラに満ちています。いつも一緒に遊んでいた活発なグループとともに田圃に入って、私たちは積んである藁を取り崩し、藁の家を作りはじめました。『十五少年漂流記』や『トム・ソーヤの冒険』などをたくさん読んでいますから、そういう家が欲しくて堪らないのです。

　せっかく綺麗に積まれたものを崩して一所懸命つくって遊んでいると、いつの間にかお百姓さんが私たちのそばに立っていました。

「学校の先生に言いつけるぞ」

　大きな声で叱られました。

　みんなワッといって逃げましたが、それからが大変でした。先生に言いつけられたらどうしようと、みなで心配しあいました。校内放送があるたびに、私たちの悪事が発表されるのではないかと思ったりして、落ち着きませんでした。あのときなぜ、謝って正直に告白しなかったのか、今となっては分かりません。

　ちなみに、小学校の同級生たちと会うと、たびたびこの「事件」が話題にのぼります。皆、笑い話として話すのです。けれど、誰も忘れていない。むしろ鮮明に覚えているのです。それだけ強い印象を残した出来事でした。

　田圃の脇の小川では、メダカを掬《すく》ったり鮒《ふな》や泥鰌《どじょう》を獲ったりに、一所懸命でした。小高い山の中腹に、なぜか穴倉が掘ってありました。私たちは探検隊をつくって、その中に入って行きました。ろうそくを用意して、リーダー格の子が先頭に立って、怖々です。うしろの方の子は、

「ちょっと待ってよぉ」

などと言いながらも、ついてきました。

そうして家に戻ると、井戸に籠で吊るして冷たくなった、まくわ瓜や西瓜を食べさせてもらう。みんな、そういう子ども時代でした。

「始末屋」というカルチャーショック

本当に幸せで、悩みがなかったのが中津時代です。中学二年の夏までいましたから、その年頃には青春の悩みがあって当然なのですけれど、私にはそういうことが全然なかった気がします。

新潟県長岡市へ引越すと、状況は変わりました。転校生です。気候も全然違う。見たこともないような大雪が降るのが長岡でした。中津の子供はみんな開放的で、お八つの時間にはよその家へ行って、

「お入り」

などと言われなくても、

「こんにちは」

と上がり込んで卓袱台《ちゃぶだい》に坐り、一緒に、当然のようにお八つを食べましたが、長岡の子供は「どうぞ、お入り」と、少なくとも三回言わないと上がって来ませんでした。私のクラスメイトが訪ねてきてくれたときに母が、

「どうぞ、お入り、お上がりなさい」

と言ってもなかなか上がりません。その遠慮深さに、私は吃驚しました。

山でスキーの授業があるときは、みんなお弁当を持って行きます。中津では遠足のときなどは母親たちが重箱にご馳走を詰めて持参し、みんなでお弁当を広げて楽しんだものです。しかし長岡では、お弁当はお結び一個でした。

「自分の食べたい大きさに結んでいくがや。それで一つ」

という、何とも合理的な考え方です。お結び一つを持ち、それを食べてしまえば余計な荷物を背負う必要もない。みんな海苔を巻いた梅干し入りのお結びを雪の中で食べました。つやつやとした海苔に、これまたつやつやの白いご飯。中に渋い赤い色の梅干しひとつ。

赤と黒と白の飾りも無駄もない、実直そのもの、誠実そのものの世界でした。

「これが長岡なんだ」

と思いました。

でも気づいてみれば、長岡のほうがお金持ちは大勢いたのです。

中津のほうが私の家も含めて貧乏人ばかりでした。しかし長岡のほうが始末屋さんで、物を滅多にあげたり貰ったりしない。中津はみんな貧乏でしたけれど、直ぐにあげたり貰ったりしました。

長岡の生活は私にはカルチャーショックでした。そうでなくても転校生は必要以上に注目されます。加えて、なかなか仲間に入れて貰えない疎外感があります。

〈人間てこんなに孤独になるものなんだ〉

と初めて痛切に感じました。

それが自分の内面を見つめるきっかけになりました。ロシア文学などを幅広く読みはじめたのは長岡時代だったと思います。

いま振り返ると、長岡への転校と新潟県人との出会いは、私にとって深い意味のある体験だったと思います。あの時代がなければ私の自我の目覚めはもっと遅れていたでしょう。

敗戦で閉鎖された父の事業

私の幼少期から思春期にかけての日常風景は、母と兄の三人暮らしでした。父の記憶はわずかです。日頃は大きな盥《たらい》で行水をすることが多かったなか、大きな湯船につかりながら父に抱えられて泳いだ記憶、父に手を引かれて枕木の上を跳び歩いた記憶……数えるほどしかありません。

戦前からアジア各国で貿易業を営んでいた父は、仕事の拠点としてベトナム・ハノイ市を選んでいました。母との結婚後もハノイに新居を構えて新婚生活をスタートさせ、昭和十七年に長男を、そして二十年には私を授かります。戦中であるにもかかわらず、兄の出産に際して母は日本に一時帰国しています。終戦は父母と兄と、母のおなかの中にいた私で、ハノイで迎えています。

生まれたばかりの私と三歳の兄を連れて両親が日本に引き揚げてきたのは、昭和二十一年五月です。当然ながら、私の記憶は一切ありません。敗戦によってベトナムで築きあげた資産はすべて残してこざるを得ませんでした。わずかな身の回りのものだけを携えての帰国でした。

ハワイで勘当、所持金五ドル

こうして中津、長岡での幼少期・思春期を過ごすことになるのですが、この間に父は最初は九州一円で事業を展開し、後に東京へ進出していきました。中津を留守にする時間は長くなり、しまいには東京で別の女性との間に男の子をもうけていました。奇《く》しくもその子の誕生日は、腸捻転を患って亡くなった私の弟の命日でした。昭和二十五年五月八日です。わずか二歳で世を去った弟の生まれ変わりのように誕生した新たな男児へ、父は特別の愛情を注いだのではないでしょうか。

母は、いまや頼れない父に相談せずに、兄と私をつれて新潟に引っ越したのです。当初は、祖父が暮らす母の実家に身を寄せました。そんな事情もあって、父からの仕送りもなくなっていました。しかし、母は私たち兄妹に語りきかせました。

「何があっても大丈夫よ。お母さんがあなたたち二人を守るから。安心していらっしゃい」

と。朗らかな母はめげることがありませんでした。

そんな父と二人、私がハワイで暮らすようになったのは、前にも少し触れましたが、長岡高校を卒業した年の夏でした。

しかし、この生活も約一年で終わりを迎えました。

父がハワイの事業から撤退して日本に戻ることになったからです。父は帰国するとき、共に帰国しない私を勘当しました。

「こんなところに一人で残っても、仕方がないだろう」

と言う父に、

「日本に帰って何をすればよいのですか」

と、私は尋ねました。

「結婚すればいい。嫁に行く相手くらい、お父さんが探してやるよ」

と言うのです。父は本気でした。けれど結婚相手を父に探してもらうのも納得できませんでした。それで反論しました。

「お父さんと一緒には帰りません。大学に残って勉強します」

「ここまで言っても、お父さんの言うことを聞かないのか。どうしても言うことを聞けないのなら、これでお前との親子関係は終わりだ。勘当する。一切、お父さんは助けてやらない」

こんなやりとりがあって、私は一人でハワイに残りました。それで今でも覚えています。財布には五ドルしかありません。翌日から住むところや食事をどうしようと、途方に暮れたことを。

一文無しで泣いた夜

幸い、ハワイ大学の留学生アドバイザー、ジグラー教授の紹介で、スチューデント・メイドの形でホームステイする家族が決まり、夕食の支度と後片付けをする代わりに、住むところと食事を確保できました。

次に授業料です。これも教授のアドバイスで勉強に打ち込んで奨学金を得ることができました。

ハワイでの学生生活を続けられるようにはなりましたが、財布の五ドルは、無駄遣いしなくても、すぐになくなってしまいました。手元に一ドルもないのは心細くて堪りません。自由になるお金がないというのは、何と寂しいことでしょう。夜中に目が覚めて、この先自分はどうなって行くのだろうと考えると、涙が溢れてきました。お金がない心細さから泣いたのは、あのときだけです。

しかしこれも、ジグラー教授の助言で、大学内のキャフェテリアでアルバイトできることになりました。そうして僅かなお金を得たとき、どんなに嬉しかったことでしょうか。収入が僅かでもあるのとないのとでは、気持ちが大きく違いました。

ジグラー教授は、いつも学生の側に立って励まして下さいました。日本の大学での学生への支援体制が当時どうなっていたかはよくわかりませんが、ハワイ大学では、どんなことでも諦めないで挑戦してご覧なさい、という加点方式の構えが確立されていました。それが当時の私を救ってくれたのです。

これは、アメリカの良い面として積極的に評価すべき点です。日本でも困った学生に、自分の力で困難を乗り越える前向きな支援体制をつくってほしいものだと思います。

タイプライターと辞書が〝形見分け〟

私に父への恨みはありませんでした。

「勘当だ、一銭もやらない」

と言われて、

「お父さん、少しだけお金をください」

と実は頼んだのですが、別れ際に幾らかのお金を渡して甘い顔を見せるような、未練がましい父ではありませんでした。ほんとうに一セントも残してくれませんでした。なるほど言ったことはちゃんと実行するのだなと思って、その清々《すがすが》しさに、私はむしろ感心し、納得しました。父がきっぱりしていましたから、残る問題はただひとつ、私自身がどう生きて行くかなのだと気持ちを切り替えることができました。厳しい態度で私の背中を押し、引き返せない道に踏み出したことを自覚させてくれたのです。そのような父に、今、とても感謝しています。

お金はくれませんでしたが、父は大きなレミントンのタイプライターと辞書を「お前に」と置いていきました。わが父親ながら、さすがだと思いました。ハワイに来た当初、このタイプライターで私は父から初めてタイプを教えてもらったのです。

「一分間に六十語打って一人前。プロになるには八十語打てる。お父さんは百語も打てる」と言われました。父の実力がどうだったのかはわかりませんが、まるで父のように古めかしく、重々しく、年を重ねたタイプライターは、父が私の人生に注ぎ込んでくれたプラスの要素を想い起こさせるものでした。「Kiyoshi Sakurai」とサインの入った辞書は、いまも大事にしています。

大金の魔力に転ぶなかれ

あのとき私はまだ十九歳でした。

その歳で自立に踏み切れたのは、一つにはハワイが美しい土地だったこともあるかもしれません。道を歩けばプルメリアの花の芳《かぐわ》しい匂いが漂ってきます。空は真っ青。大学のキャンパスも、熱帯植物の何ともいえない生命力に満ちています。濃い緑の葉が艶々と光り、迸《ほとばし》る色彩がたくましい生命力を表現しています。烈しい太陽に灼かれながら、太陽の光を跳ね返し、輝いています。

植物という植物は、一日ごとにどんどん丈が伸びていく。熱帯の花や草木を見ていますと、その生命力に感化されて、私も頑張ろうという気持ちになります。物言わぬ自然に、大いに元気づけられました。ハワイの自然は、元気のない人を元気のないままにしておくような、やわなものではないのです。

これが、北国の暗く厳しい自然だったら、私も本当に頑張り通せたかどうか、わかりません。

しかし私が挫《くじ》けずにいられたのは、自然環境よりもっと大きい理由があったと思います。

母の存在です。

ハワイに行くまでの十八年間の人生を母の下で過ごして、しっかり育てていただいた。知らず知らずのうちに、母の価値観を受け継ぐことができていたのです。父と一年間一緒に暮らして父の影響もたくさん受けました。けれど、決断の秋《とき》の私自身のあり方がそれまでの人生の凝縮だったとすれば、やはり母の教育が良かったのです。

迷わない。大事な局面であればあるほど、迷わない。そして希望を持ちつづける勇気を失わない。こうしたことは母の偉大さが私に植えつけてくれた価値観です。

決断のとき、必ず道は開ける、絶対大丈夫と、心の中で信じていたような気がします。期待値は実現するのです。

母は「意志的な」楽観主義者です。天性の楽天家というより、自分で考えて、理の力で情をコントロールして楽観主義者になったと思います。母自身にそのように説明されたことはありませんけれど、母を見ていて、そういうことなのだなと感じていました。ですから私も、後ろを振り向かない、迷ったらとにかく前へ進もうという姿勢が身についていたのでしょう。

私は子供の頃から何でもとにかく「はい」と返事するように育てられました。難しそうな課題にぶつかっても「はい」と答えてやってみる。そこから道が開けてきました。むやみと素直で、だから今も油断すると何でもすぐ信じてしまいます。ジャーナリストという職業柄、この情報は確かめなければいけないとか、この人は疑って掛かったほうがいいとか、裏に何かあるに違いないとか、自分に警告してきました。でももし、この職業に就いていなければ、人に言われることをもっと素直に信じて暮らしているかもしれません。

実際に、人を信じ過ぎて痛手を蒙《こうむ》ったこともあるはずです。けれど、人を信じる性質と、痛手への鈍感はセットになっているのかもしれません。いろいろなことはあまり引きずらないように心掛けています。

財布に五ドルしかなかったハワイでの父との別れのときも、少しの不安と「何があっても大丈夫」という母譲りの楽観性とが入り混っていました。

さて、お金についてです。当時の体験からも、お金は大事なものだ、と改めて自覚しました。同時にお金の怖さも実感していました。お金を持つと、その人の性格が十倍も強調されて出てきます。立派な人は更に立派になり、だらしのない人は限りなくだらしなく、狡《ずる》い人は限りなく狡くなります。そういう意味でお金は魔物です。ですから自分に自信のない人は、お金は持たないほうがよいと思います。

私も若いときに一回、大金を持って怖くなったことがあります。それはいま振り返ってみると本当にささやかな額だったのですが、当時の私には紛れもない大金でした。

クリスチャン・サイエンス・モニターを辞めた後、フリーのジャーナリストになって、取材に多大の労力と費用を掛けて記事を書いて、ようやく百ドルの原稿料を貰っていたことはすでにお話ししました。一ドル三百六十円でしたから、百ドルは三万六千円です。取材費がつねに原稿料を上回り貧乏生活をしていたこともご紹介しましたね。

それで、翻訳のアルバイトを始めたのです。掲載される保証のない記事を書くよりも確かな収入になりますから、安定収入の道でした。

私は週の一日か二日を翻訳に使って、残りの日で自分の記事を書けばいいと考えて始めました。英語から日本語にも訳しましたが、日本語から英語に訳すほうが収入がいいのを知って、英訳に切り替えました。

しかし、これは思いのほか大変な仕事でした。取材基地にしていた有楽町のプレスクラブに出かける代わりに、自宅でタイプに向かう日が少しずつ増えました。そして外務省の外郭団体、日本国際問題研究所の『日本の白書(White papers of Japan)』の仕事を引き受けたとき、私の翻訳作業はピークに達しました。月曜日から日曜日まで、朝から一日中、ずっと翻訳作業に没頭しました。

そうして気づいたら、百何十万円という大金が貯金通帳にたまっていたのです。

私は喜ぶよりも驚き、不安になりました。何週間も、ほとんど記者活動をしていなかったことに気付いたからです。

私は一体、何になりたいのか？　翻訳家になりたいのか？

翻訳は立派で有意義な仕事ですが、私の希望ではありません。私はずっと記者になりたいと考えてきました。それなのに、翻訳ばかりして、肝腎の記者活動をおろそかにしていたわけです。こんなに大金を持ったら、しかも本業ではない翻訳から得ていたら、本当に大変だ、すぐに止めよう……そう思って、実際すぐ止めました。

そのまま続行していたら、私はジャーナリストになれないと思ったのです。翻訳家になるのが自分の夢だったらそれでよいのですが、私はペン一本と紙一枚あれば、どこへ行っても仕事のできるジャーナリストになり、署名入りの記事を書き続けたいと思っていたのですから、思いがけない大金を得て猛反省したのです。

東京大学の青井和夫先生（社会学）にはハワイから帰国したときにアルバイトでお世話になったことがあり、「櫻井の英語がいい」と褒めてくださったので、先生の学術論文の翻訳だけは一年に一篇くらいのペースで続けさせていただきました。それを除いて全部止めました。そうしてまたお金の儲からない記事を書く生活に戻ったわけです。

今から思うと、十六年つづけたテレビの仕事を辞める時の決断は、この時の経験があったからできたのかもしれません。まだ世の中や人生がわかっていない二十代後半の自分の判断としては、よくやったと自分を認めてやることにしています。

あのとき気が付いて引き返したのは本当に良かったのです。大袈裟でなく、運命の岐路に、私は立っていました。ペン一本で生きて行きたいという夢の確認をしないですごせば、今の私はなかったと思います。

お金は「使う」か、「使われる」か

お金を持たせると人格が変わる人がいます。きちんとした人が、お金を持った途端に凄く変わってしまう。あるいはお金がなくなって、だからといって何も気にする必要はないのに、変になってしまう。

お金のあるなしに関わらず、自分自身を保つ努力と意思こそもちたいものです。自分に自信のない人は、お金にはあまり近づかないほうがいい、というのが私の信念です。自分の目指す方向を歪ませるようなお金は危険なものでしかありませんから。

前述のように、百万円をちょっと超えたお金を貯金通帳の額で発見して、恐ろしいと思う感性が当時の私にはありました。

現在の私は、当時とは違うスケールの経済の中に住んでいます。ただし、現在の基準で、こんなにあって恐ろしいというほどの富を得たことは一度もありません。

その点では安心です。とはいっても、「お金があればなぁ」とため息交じりになることも正直あります。とくに、国基研の活動をはじめてから、お金があれば有効に使えるのに、と思います。国基研には大口の資金を提供してくれる方は多くはいません。さまざまなプロジェクトを進めるのに、もう少しお金があったらいいなと思うことも多いのです。

たとえば、国基研は、優れた日本研究を国際社会に広げていきたいと考えて、「日本研究賞」を創設しました。でも、今だとそれに使えるお金は年に一万ドル（約百万円）ほどです。これが十万ドルだったらどんなにいいだろうと思います。

そういう意味ではお金が欲しいのですけれど、これは自分の生活、個人の範疇《はんちゅう》でお金が欲しいというのとは違います。

自分の身の丈にあった生活に必要なお金と、それ以外のお金を、厳格に分けて考えることが必要なのは言うまでもありません。お金は高貴な目的を実現する力強い手段でもあり、人間を変えてしまう甘い蜜でもあります。

お金は「魔物」だと心得て、お金の前では自分の心を正しく持つように、とりわけ、厳しく注意したいものです。

幻の骨董道楽

私はもともとシンプルな生き方が好きです。

ただ一時は、お金もないのに骨董屋に憧れました。

あまりにも美しくて、引き込まれました。夢にまで見たこともあります。白磁の柔らかい白。冷たくはありません。なんとも言えず柔らかい白です。それから五月の空を限りなく高く飛んで行くような青磁の青。そして赤絵の赤。

しかし骨董屋は、いい骨董と巡り合って、それを自分のものにしたら、いずれそれを売りさばく、つまり手放すことができなければなりません。私などは手に入れたらずっと抱きしめていたいほうです。とても商売にはなりません。それに奥の深い世界で、私のようにただ「好き」というレベルでやれるものではありません。

器は実際に使ったほうが良さがわかるといいます。手に入れたささやかな骨董に料理を盛ってみたりもしました。宋の時代や江戸の初期の作品です。でも、それなりの歴史があるものを生活の中で使ってよいものかどうか、迷うところもあります。

歴史から一時、自分がお預かりしているものです。お預かりしたものを損じてもいけないと思いつつ、大切に使っているのが現状です。

骨董だけでなく、物は原則としてもうあまり買いません。余分のお金があれば、いまは国基研やインターネット放送に使うようにしています。

私の収入は、日本テレビの仕事が始まったとき、それ以前のフリーランス時代とは、桁違いに増えました。

それを十六年間続けて、辞めてみますと、収入の大きな部分が一気になくなりました。そのことは当然、あらかじめわかっていました。

しかしテレビから卒業した次の年には、私の収入はテレビ時代を上回っていました。お金の多寡で実績を評価する気はないのですが、テレビを辞めても路頭に迷うことはないと証明できただけでも良かったと思いました。

父の金銭感覚を反面教師に

私の父はお金儲けの上手な人でした。母の話ですと、ベトナムにいた若い頃はお札を一枚一枚数えているのを見たことがなくて、札束ごとに数えていたというくらいです。大きなお金を扱う人でしたが、小さなお金にはルーズな人でした。ハワイで一緒に住んだときは、辺りに二十ドル札や百ドル札がしょっちゅう落ちていたほどです。脇が甘いのです。

私は、事業に関しては、およそ父の娘に似つかわしくありません。お金に拘《こだわ》らないから駄目です。

拘らないというと正確ではないかもしれませんが、自分が「したいこと」をしていれば幸福になれる性質です。「したいこと」がお金儲けではなく、記事を書いたり、国基研やインターネット放送だったりで、お金という面では効率が悪いのです。

原稿書きはよほどの流行作家や、書けば五十万部は必ず売れるという人でもない限り、日本では経済的に割に合わない稼業です。アメリカではビル・クリントン元大統領でも夫人のヒラリー・クリントン元国務長官でも、回想録を書けば億円単位の収入になります。どうしてそれが可能なのか。読者が多い英語で書くからなのでしょうか。日本国の首相の回想録は日本語の分、世界に広がっていきません。

いまは亡きレーガン大統領やサッチャー首相は現役引退後、驚くほどの高額の講演料で日本に招かれています。キッシンジャー元大統領補佐官は、たびたび講演で日本を訪れていますが、あるとき、こんな要望が示されたそうです。

「自分はもう講演料は要らない。その代わりに横山大観の絵を一枚、所望したい」と。

それほどの代価を払ってでも招きたいと思わせるだけの影響力を持つ人々は立派です。日本の首相や補佐官も、そのように世界から、どうしても意見を聞かせてほしい、といわれるような地平に立ってほしいものだと考えます。一方的に高いお金を支払って外国の要人の主張に耳を傾ける国から、発信する国にならなければなりませんね。

「稼ぐが勝ち」への違和感

お金儲けは上手ではありませんが、それでも私はお金を軽んじているわけではありません。とても大事にしています。それを得ることが第一目標にはなかなかならないだけなのです。そこが難しいところです。

日本では一九八〇年代後半のバブル以降、お金がすべてというような風潮が蔓延《まんえん》しました。お金があるのは結構なことですが、大事なのはどう使うかです。

ホリエモン（堀江貴文）さんの行動が随分物議を醸したことがありました。「稼ぐが勝ち」がキーワードとなりました。

でも「稼ぐ」ことより「使う」方が難しいのです。人間は自分だけが生きているのでもなく、自分ひとりで生きているわけでもありません。周りの人も良くすることに使えたら、お金もずいぶんと生きてくると思います。

こういうことを言うと理想論すぎるかもしれませんが、自分が嬉しいと感じるいい時間を、他の人も持てるように貢献できれば、それが一番ではないでしょうか。

それがどんなことかは人それぞれでしょう。

町工場が編み出した先駆的な工業技術を支援したいと考えている人にとっては、その中小企業に出資することも、選択肢の一つです。母校や、故郷の里山の維持管理に寄付することだって、立派なお金の使い方です。

お金は持つことが目的ではなくて、使うことが目的です。よい使い方、人間を楽しく幸福にする使い方を工夫できる人がお金を持つのが一番いいと思います。

お金の使い方は、利己的な欲にこだわらなければ、必ず上手になれます。たとえば国基研を作ったときも、杏林大学教授の田久保忠衛さん、弁護士の高池勝彦さん、会社経営者の小倉義人さんと、私の四人で一億二千五百万円を基本財産として出しました。この額を多いと見るか少ないと見るかは、それぞれの立場によって異なると思います。けれどひとつ言えることは、大学教授や物書き、南京事件の究明をしている弁護士など、大してお金を持っていない人にとっては、これは大変な金額です。

国基研も、いま約十五年が過ぎました。私たちは全員、一銭も受け取らずに働くボランティアです。

金銭収支という意味では赤字です。しかし、やり甲斐があります。多くの人が会員になってくださり、おかげで寄付もふえています。それは私心がないと自ずとわかってもらえているからではないでしょうか。

たとえば理事長の私が高給を取っていたら、どうなるでしょうか。シンクタンクとしての財政基盤も固まらないでしょうし、研究の活動に回す資金も不足するでしょう。ですから現在は、少なくともシンクタンクを経営する中枢の私たちは無給で、すべてを明朗会計で公開します。

こうして会員の皆さんとの信頼関係を築くことで運営できるのだと思います。お金は風通しをよくしておくことが大事です。

ただ国基研のこれからを考えますと、次の世代の人たちにすべてボランティアでやって下さい、とはなかなか言えません。国基研の基金がもっと大規模になって、財政上の心配がなくなったときには、やはりそれなりのお給料を払わなければならないでしょう。そうしなければ人材は集まりません。それは当然ですが、今はまだ国基研は一人前ではありません。次の世代にバトンタッチするまで、第一世代の私たちは報酬ゼロでよいと考えているのです。

ともあれ、お金に関して私心を持たないようにしなければ、草創期の組織は立ち行かないと考えています。

金銭問題で組織や人間関係が壊れるのはもってての外

いっぽうで、お金が儲かって、そのために組織が壊れたりする、本末転倒の事例も見聞きします。

家族内で相続の争いが起こるのも、冷静になって考え直せば、本当につまらないことだと気付くのではないでしょうか。肉親、家族の大事な関係を、たかがお金でめちゃくちゃにしてしまうなんて、本当にもったいないことです。親にとっても、子供たちが骨肉の争いをするのでしたら、いっそ財産など残さないほうがいいと思うに違いありません。

つまるところ、お金は自分のためによりも、他者の利益のために使うよう心がければ、逆に集まって来るというのが私の実感です。お金は本当に天下の回りものなのです。お給料が低いという不満がいまあったとしても、頑張っていればいつの間にか収入は増えていきます。ですから自分が何をするかが先で、自分がどのくらいの収入を得るかは後のことなのです。

「期待値は実現する」を胸に

最近の若い世代をみていると、新卒で就職をするときに、安定性だけを求める傾向が強いように感じられます。格差社会とか年金問題など、この国のあり方や仕組みに軋《きし》みが生じていることは事実です。その結果、将来への不安感を覚えることも、理解できます。

しかし、そうした考え方が、あまたある選択肢の中での最優先項目になってしまってよいとは、私は全然、思いません。若い世代にはもっと希望をもってほしい。楽観的になってほしい。また、そういう社会を作ることが私たち先輩世代の役目だと思います。

老後が不安で就職に迷うという若い人には、「期待値は実現する」ということを是非胸に留めてほしいのです。不安だと思いつづけたら、不安が実現します。何とかなると思っていたら、本当に何とかなります。

人のために何かする前に、まず自分の生活がしっかりしていなければなりません。「恒産なくして恒心なし」。自分の足元が揺らいでいては、人のために何かするという運びにはなりません。自らを支えるだけの経済的基盤を持たなければ、自らの姿勢を保ち信念を貫くことは難しい。

だから自立するには、今の収入でどれだけのことができるかを良く把握して、その矩《のり》を踰《こ》えない生活を原則にしなければいけないでしょう。そういう姿勢でいれば、たとえ収入が少なくても大丈夫です。そして、時たま収入が増えても有頂天になって、贅沢な生活にはまってしまうなどということにはならないでしょう。

すでに、人生百年の時代です。平均寿命が八十いくつと言っても、若くして亡くなる人も含めての話ですから、人間は百年生きる、と覚悟したほうがいい。二十代ならあと八十年間生きるのです。でも、約八十年先を見通すことなどはできません。ですから逆に、一日一日、前を向いて、何とかなる、何とかすると考えて、自分の気力と体力、教育によって培った知の力を信じて、自分を信頼するのです。
夢は必ず叶うのです。大いなる夢を抱いて、自分を信じていくのがよいのです。

第6章　挫折と傷を引きずらない——「生と死」とは

「貧すれば鈍す」に陥らない

仕事をはじめたばかりのまだ若い頃、貧しいアパート暮らしをしていたときはお花の一本を部屋に飾る余裕もありませんでした。友だちにも「よしこの冷蔵庫には干からびた茄子しかなかった」と笑われたほど、本当に何もありませんでした。

お金がない分、知恵を働かせなければなりませんでした。逆に、工夫すれば、何があっても大丈夫になりました。

心すべきことは、「貧すれば鈍す」に陥ってはいけないということです。

その当時、洋服に使えるお金も限られていました。仕事でどこに出ても通用するといえるような洋服は、五着くらいしか持っていませんでした。それでも苦になりませんでした。そして意外に思われるでしょうが、それほど洋服の数が少なくても、私はお洒落で知られていたと思います。いつも清潔に、ぱりっとしているよう心がけました。

想い起こせば、とても値の張る五着だったのです。一着ずつがお給料の二、三か月分もするようなオーダーメードでした。もちろん安くても気に入ったブラウスやスカート、ズボン（と、当時は呼んでいました）とジャケットの組み合わせもありました。五着は良質の服でしたし、とても気に入っていますから、何十回着ても飽きません。一点豪華主義ならぬ、五点豪華主義です。

　支局長のポンドさんから学んだことは、仕事をする人は贅沢な服は必要ないけれど、相手に不快感を与えない、清潔感のある身づくろいが大切だということでした。取材者という仕事に限らず、取引先など仕事相手と会う機会の多いビジネスマンにも共通することですね。ＴＰＯにも気を配らなければなりません。

年を経るほど身綺麗に

「身だしなみをきちんと整えること」は、母の躾けでもあります。

　母は大分県にいた頃からお洒落でした。中津市は田舎でしたが、出掛けるときは帽子を被ることもありました。病に倒れるまで、朝起きると一番で髪をきれいにして薄化粧をして、玄関先から道路まで掃いていました。時には水を打ちました。その後、朝食をとるのです。孫の慶が、「おばあちゃんは毎日規則正しかった」とよく言いますが、本当に毎日の生活の規則正しいリズムが、健康と美しさの土台をつくっていたと思います。

娘ながら母が素敵だと思うのは、九十歳を越えても、つまり病気で倒れるまで、毎月エステに通っていたことです。電車で四駅、きちんと通っていました。私にはいつも、こう言ってくれたものです。

「お洒落は自分のためではありません、周りの人のためですよ。年を取ると段々汚くなるから、周りの人に嫌な思いをさせないために、身綺麗にしておきなさい」

身綺麗にするというのは、飾りたてるのではなく、清潔感を大事にするということです。

「居住まいを正す」といういい言葉が日本語にはありますが、常に背筋を伸ばして、挙措を美しく保つことでしょう。みっともない格好で周りに嫌な思いをさせたりしないように、働くときにきちんとした服装で居住まいを正せば、心も引き締まります。

母は、父と結婚してベトナム、すなわち外国に住んでいました。アジア各国を舞台に広く貿易業を営んでいた父が、本拠地にしたのがベトナムのハノイ市でした。そのことが母の姿勢に影響しているかもしれません。

「シクロ（ベトナム風人力車）に乗るときもお父さん（夫）は私にお洒落をさせるのが好きでしたねえ。帽子やパラソルを念入りに選ばせて、洋服も自分好みのものを着るように、って」

と母がよく話していました。

そして初産のときに、何かと安心な故郷に戻ってお産をしたのです。ハノイから鉄道でハイフォン港に出て、四週間の船旅をして浦賀港に着き、汽車を乗り継いで新潟の実家に帰りました。無事に兄を生むと、また乳飲み子を抱いて同じ旅程を逆に辿ってベトナムに戻ったわけです。戦争中の一九四二年のことです。臨月の若い女性に、よくそんな大変な旅ができたものです。私が驚きますと、母は当然のように答えました。

「昔は飛行機で旅するなんてあり得なかった。汽車を乗り継ぎ、船に乗るのが当然の交通手段でした。船は日本の船で、国民ですから十分に守られていると、お母さんの時代の日本人は考えていたの」

国家への揺るぎない信頼があったのです。

しかしその日本が戦争に敗れると、家の使用人がいなくなり、それどころか物を盗まれたりするどんでん返しが起きました。敵軍が侵入して来たら三階から飛び降りて死のうと覚悟した母と父は、実際に銃声が迫ったとき、三階に駆け上がりました。飛び降りようとした刹那《せつな》、日本語が聞こえ、敵軍ではなく日本軍だとわかって、危ういところで命拾いしたといいます。

自信を手にした瞬間

そのように死ぬ間際まで行ったことのある人は、性格の芯に強いところが生まれるのでしょうか。私の世代、つまり日本の敗戦後世代の大部分の人は、一生の内で死を覚悟するほど切羽詰まった状況に直面した経験はあまりないでしょう。でも、私の父母のような戦前、戦中時代の人は、多くの人がそんな体験をしたと思います。ですから世代によって、いざというとき、自分の人生をどうするかという決断力に大きな差が生まれても当然かも知れません。

それにしても、私は人生における決断の見事さを幾度か、母に見せてもらいました。そのような場面を見せてもらえたことを、人生の宝と思っています。

母とは本当によく話をしました。母は朗らかな人でした。お友だちと旅行をすると話の輪の中心になりました。戦争当時の体験談も、母にかかると決して悲惨な話にはならず、みんな笑い転げて聞き入ります。

誰にとっても自分の母親はグレートマザーなのでしょうけれど、私の場合もそうです。

ハワイにいるときも、母が心の支えでした。帰国してクリスチャン・サイエンス・モニターで働き出すときも、母のアドバイスが折々に私を支えてくれました。

「よしこちゃん、チャンスを与えられたときには、素直に受けなさい。どうしてもその仕事が嫌だったら別だけれど、嫌かどうかは実際に仕事をしてみなければわからないものよ。新しい可能性は挑戦から生まれて来るの。私にはできないなどと思わないほうがいいと思うわ」

こう言って、逡巡する私の背中を押してくれました。

三十代になった頃、何となく、あぁ自分は大丈夫だ、と思えた瞬間がありました。フリーランスで仕事も安定しないし、お金は相変わらず乏しいし、特に何が変わったというわけでもなかったのですが、「これでもう大丈夫、ちゃんと生きていける」とストンと腑に落ちてきた瞬間を、鮮明に覚えています。

何か大仕事を成し遂げたわけでもなく、渾身の力を傾けるテーマに運命的に出会った瞬間だったわけでもありません。

では、私の中に生まれた自分自身への信頼感は、何に由来していたのでしょうか。おそらく、こんなことだったと思います。それまであまり迷わずに、とにかく与えられた仕事を一所懸命にやってきた。小さな成果をいくつも重ねてきた結果として、これからもきっと同じようにひとつひとつの事をやり遂げることができるだろう。そんなささやかながら意外にしっかりした自信が生まれたのではないかと思います。

結婚にまつわる母の二つの言葉

その頃からは、逆に私が母の相談相手になるように、自然に変わっていった気がします。ただ、母が忠告してくれたことが一つあります。

「よしこちゃん、結婚したほうがいいわよ、子供をつくったほうがいいわよ」

でも、私は思慮が足りなかったために、真剣に結婚について考えませんでした。結婚を申し込んでくれる人もいませんでした。また、実績もあまりないにもかかわらず、仕事が面白くて夢中でした。お相手を紹介して下さった方もいましたが、乗り気になれませんでした。

しかし三十三、四歳の頃、オーストラリア人の記者と知り合いました。日本を象徴するような風物について尋ねられ、茶道の説明をし、冬の茶会で雪に白く染まった庭の気高い美しさに打たれた経験を話したのが始まりです。

彼は美術評論で身を立てたいという希望を捨てきれない、母に言わせると「純粋な人」でした。新聞社の特派員の任期が終わったとき、本社に辞職願を出して日本に残りました。

「You can help me.（これから助けてほしい）」

という言葉が凡百の愛の言葉より耳に残り、私は彼と共に歩む決意をしました。小ぢんまりした結婚式を挙げ、二人の穏やかな生活が始まりました。

それからしばらくして、テレビ「きょうの出来事」の仕事を引き受け、それが軌道に乗り始めた三年後、私たちの関係はうまく行かなくなりました。彼は私を支えてくれたし、誠実でした。でも、どうしても気持ちが嚙みあわない。何度も話し合って、別れることになりました。

母には、はっきり言われました。

「これはよしこちゃんが悪い。我がまますぎます」

私のほうが、仕事や、したいことがたくさんあったという結論になるでしょうか。

その後、ふたたび結婚する機会があれば、したほうが断然よかったと思います。一人でいるより伴侶といるほうが絶対的にいい。それは百パーセント言えます。

家の庭の山茶花《さざんか》がたくさん花をつけたときに、

「今年はほんとうに花がたくさんついたわね」

と話せる相手がいたらいいなあと思います。お花畑に芽が出てきたら、

「ほら、芽が出たわよ」

と喜びを分かち合えたら、ほんとうに素敵でしょう。

終の棲家はどこか

閉鎖的な空間が苦手です。四方が壁に囲まれた住まいなどには、とても住めません。以前、千代田区紀尾井町で暮らしていたときは、マンションの三階でした。窓を開けると目の前が清水谷公園で、樹木が繁っていました。ところが木々を伐《き》り倒して公務員宿舎が建ち、窓を開けると宿舎の冴えない色の壁で前方がふさがれるようになりました。さま変わりしたこの景色が嫌で、引越ししました。

田舎育ちのせいか、常に自然の中にいるような雰囲気が好きです。いまの住まいは、まわりが緑に囲まれています。都心の真ん中とは思えないような風情です。

理想とする終《つい》の棲家《すみか》は、里山の庵《いおり》です。山菜を摘み、清流を家の中に引き込み、自然の水でご飯とおつゆを作って暮らしたいと切望しています。四季を愛《め》で、鳥や獣の声を聞き、

夏の朝陽の中で深呼吸し、秋の夕陽に染まって一日を無事に過ごせたことを感謝しつつ、暮らしたいと思います。

でも、里山に住むと仕事がどうなるか考えると、二の足を踏みます。東京から二時間くらいで行き来できるところでなければならないとも思います。自分の車で移動できなければ不便ですから、運転免許を取ろうかと考えたりもします。

いまの仕事を続けるかぎり、都内で暮らさざるを得ません。

でもずっとずっと、今のようなペースで仕事を続けることはないでしょう。そのとき、どのように自分の思い描くような充実した時間をすごすのか、その場所はどこなのか、そしてどこを終の棲家とするのかを考えます。

十代から二十代をすごしたハワイもいいところです。ハワイ大学の友人の少なからぬ人たちが、そこで暮らしています。大学時代の友人たちと、時間や思いを共有しながらすごすのも楽しいと思いますが、やはりハワイは訪れる所であり、ずっと住むのは日本という気がします。

いろいろ考えても、結局、私の思いは里山暮らしに戻ってくるのです。

芭蕉の『奥の細道』に出てくる古いお寺の離れで、良寛さんのように暮らすのが理想です。南風を受ける雑木林の中に小振りの家を建てます。三和土《たたき》があって、近所の人が来たら、縁側に腰掛けて話しましょう。家のすぐ脇に清水が湧いて、小さな流れとなっています。そこに芹《せり》や山葵《わさび》を植え、摘んで食べます。山へ行って枯れ木を拾って、囲炉裏《いろり》にくべましょう。お米は自分では作れませんから村人に貰います。……こんな暮らしが私の夢です。自給自足ではありませんが、「半給半足」でしょうか。

田舎のよさは、ゆったりした中の豊かさです。芹が顔を出したとなると、みんなで摘んで、結果、村中の家族が、あっちの家もこっちの家も芹のお浸しがおかずになったりします。面白いですね。

里山に居を移すようになったら、私は家の周りにたくさん山野草を植えます。季節ごとの花を育てるのです。家の中も外もいつも花があるようにしておきたいのです。

いまの暮らしの中では、毎年お正月や記念日に、長年お花でお世話になっている「フルール・シャンタン」の森田節子さんに花を活けてもらっています。玄関正面には、それはそれは素晴らしい生花が陣取ります。居間、母の部屋、私の部屋、書斎も台所も、家中に花を活けてもらいます。

考えてみれば、何十年もこうしてきました。森田さんが幾時間もかけて大きな花鉢から小さな花瓶まで動員して花を活け終わると、私はため息をつきながらこう言うのです。

「毎日、こんなふうに花に囲まれていたい」

すると、皆に言われます。

「櫻井さん、毎年同じことを言いますね」

笑われますが、お花のあるのが一番嬉しいのです。

生活のなかで、庭の一輪を活けてみましょう。生きた花が一輪、緑の露を宿した葉が一枚、あるかないかで世界が変わります。生命の美しさと豊かさを表している花だからこそ、心にしみてきます。

離婚の傷が癒えるまで

花を愛でる喜びを分かち合える人がいたら、日々の営みも人生も、きっともっと楽しいだろうと思います。ほんらい人間は、お互いに寄り添い合う相手がいて完璧になる存在でしょう。

その意味で、私はちょっと足りないのです。仕事に恵まれ、たくさんの良いお友だちにも恵まれていて幸せです。しかし、だからこそ、本来パートナーとの関係で満たされる部分が上手に紛れてしまうのです。それはそれでよいのですが、問われれば、私は世の女性たちに、「愛するパートナーを是非おもちなさい」と言います。

でも、「言うは易く、行うは難し」ですね。簡単にパートナーが見つかる場合もありますが、そうではない場合もあります。また、パートナーと巡り合えても、別れる場合もあります。体験者でなければ分からないかもしれませんが、離婚はとても辛いものです。

相手からではなく、私自身が離婚を決めておきながら、そのことで深く傷つきました。不思議ですね、離婚した相手のことを凄く心配するのです。

心配をするくらいなら離婚しなければいい、と第三者は思うかもしれません。でも、それとこれとは違うのです。人間として相手を心配し、打ちのめされるくらいに辛かったのです。私の結婚生活は三年少々でしたが、その時間よりも長く、何年も何年も、その辛さを引きずってしまいました。

ですから、結婚に関する私の姿勢は、「一度結婚したら、離婚はしないほうがいい」というものです。夫婦の間でいろいろな問題が起こるのは当然です。でも最大限の努力で、何とか乗り越えていくのがいい。離婚経験者だから、それがわかります。

辛い状態からの立ち直りに、時間の経過や仕事はたしかに役に立ちました。当時、私は、仕事の場で闘っていたわけです。そこでは離婚したことも、落ち込んでいることも、見せないように努めました。

仕事は仕事としてベストを尽くす。個人的な事情や葛藤は持ち込まない。そう考えていましたから、番組スタッフが気づかなかったとしたら、それでいいのです。

でも、一身上のことをまったく秘密にしておくことも、キャスターとしては問題です。そこで、離婚後半年をすぎたとき、関係する人々に報告しました。半年前のことですから、もはやいかなる意味でも〝ニュース〟にはなりません。ただ、情報は静かに広がり、皆が知るところにはなりました。それでよかったと思います。

やめる決断は自分しかできない

何もしないで後悔するよりは、やって後悔するほうがいいと、皆さんよくそう言いますが、事によりけりです。基本的には、迷ったときは前に進むのが正しいと思います。

しかしそれは、自分だけが関わる問題の場合です。他者が関わるときは、その他者に対してどうなのかと考えなければいけません。人を傷つけるのであれば、自制して、行動せずに、踏み込まずに、後悔するほうがよいかもしれません。踏みとどまることによって、せめて迷惑はかけなかったことがわかれば、それはそれで納得できるかもしれません。人生は、「迷ったら進む」という一つの見方だけで処されるほど単純ではないでしょう。

ただ一つ言えるのは、物事を始めるときは周囲の勧めで始めても、やめるときは自分で決める、ということです。

「公私」両面の節目の決断は、悩みながらも自らが下すことが、正解なのです。

負のスパイラルに陥らない秘訣

若い頃からもっと問題意識を持っていればよかった、と思うことがあります。もっともっと系統立てて勉強しておけばよかったとも考えます。

そのように考えたら、すぐにその思いを今日からの未来につなげるようにします。こうすれば、後悔が未来の夢に変ってくれて、負の思考回路に陥ることがありません。

前向きの発想を保つのには、健康でなくてはなりません。そのために、生活リズムを保つことが大切です。人間は自分で考える以上に肉体的、物理的な存在です。落ち込んで辛いからといって、ぐずぐずとベッドの中で身体を横たえてお昼まで寝ていたりしたら、もっと落ち込みます。

そんなときは自分を励ましましょう。まず身体をいたわってやりましょう。起きてシャワーを浴びるのです。香りのよい石鹸で身体を洗い、香りのよいシャンプーで髪をツヤツヤにしましょう。鏡の前で、薄化粧をしましょう。お気に入りの口紅をきれいに塗ってみましょう。すると、きれいになった自分の姿が映るはずです。

そして着替えましょう。紅茶かコーヒーか、お気に入りの温かいものを一口、含みましょう。その次に、ちょっと食事をしてみるのです。

身体を縦にして、一連のことを一つ一つこなしているうちに、身体が否応なく元気になって語りかけてくれます。

「あなた、大事なことは前向きよ」

と。

でも、人生には辛いこともありますから、こんなに簡単に事態が好転しないこともあります。打ちのめされるような衝撃的な出来事にぶつかって、立ち上がれないようなショックを受けることもあるでしょう。どう努力しても起き上がれず、ベッドに丸まって、頭からふとんをかぶっていたい日もあるかもしれません。

そんなときも、覚えておけば役に立つかもしれません。夜遅くまで眠れずに考えることや、シャワーも浴びずに空腹で考えることは、往々にして後ろ向きになりやすい、ということを。夜、考えあぐねて疲れたら、眠りましょう。朝、リフレッシュしてから考え直してみましょう。

きっと新たな発想で、新たな地平をひらくことができると思います。

信仰をもつことは必要か

多分私は迷いが大きく、深かったのでしょう。自分自身が人生の局面局面でどう行動し、進んだらいいのか、自分をどう支えたらいいのか、という迷いの中で、揺るがない価値観を求めた時期もありました。

それゆえに、私はいろいろな宗教に興味を持ちました。

ハワイに住んでいたときも、クエーカーの教会に通ったことがありました。日本に帰ってからは、クリスチャン・サイエンス・モニター紙で働きましたから、クリスチャン・サイエンティストの教会にも行きました。

そして、私の家は曹洞宗です。仏壇と神棚のある典型的な日本人の家族です。

仏教も神道も、キリスト教も、さらにはヒンズー教もイスラム教も、何千年も続いてきた信仰には、各々の真実があります。その中に入って教えを学べば、精神の安定が得られるに違いないのだと思います。

　ハワイ大学では、とても魅力的な女性たちが教授を務めていました。私は大分県の中津と新潟県の長岡で育ち、母は自立した女性でしたが、とても父を大事にしていました。父は大変に保守的で、完全な男尊女卑の考え方でした。女は勉強などしないで良家へ嫁げばいいと、父は本当に信じていました。封建的な家父長の意識です。

　しかし、ハワイは別天地でした。

　大学では女性も堂々と仕事をしていました。朗らかに美しく居住まいを整えた、素敵に洗練された教授たちがいたのです。

　女性もこんなに美しく、家庭を持ちながら、しかもキャリアを磨き、堂々と教え、堂々と主張し、堂々と仕事する――。このうえなくチャーミングだと思いました。いじけたところや遠慮がありません。思いやりや配慮はありますが、遠慮とは違います。その人たちを支えている価値観が、多くの場合キリスト教だったと思います。

　ハワイでクエーカー教会の日曜日の礼拝に行きますと、牧師さんのお話が非常にわかりやすいのです。秩序立てて合理的にお話しされるので、引き込まれます。

善き価値観を理念的、哲学的に説き、善き行動を褒め称える。私はその雰囲気が好きで教会の活動に参加して、それなりに善い人間になったような嬉しい気持ちになりました。帰国してクリスチャン・サイエンス・モニターで働き始めたときはクリスチャン・サイエンスの教会で、クリスチャン・サイエンティストの教えもたくさん聞きました。極めて合理的で、善行についてのお説教が心に沁みました。

ＮＨＫ大河ドラマ「八重の桜」で話題となった新島八重さんなど、明治時代の開明的な女性たちがキリスト教徒になった理由の一つも、明快なロジックと言葉で教義が語られるところに知的な刺激を受けたからではないでしょうか。教会でみんなで歌をうたい、お互い配慮し合って、物腰柔らかく愛を分かち合うような雰囲気も好きでした。そういう中にいると、心が落ち着きました。

ただ、キリスト教でいつも一つだけ気になったことがありました。それは、人間はみんな罪深い、という考え方です。罪深いから神に許しを乞わなければいけない。神はすべての罪を許してくださるというのですが……。

人間が生まれながらにして罪深いと言われると、本当にそうかなあと思いました。私はその点への疑問に拘っていたのかもしれません。

母は人間に対してとてもポジティブな見方をしていましたから、人間すべてを肯定する教育を、私は受けたと思います。ですから生まれながらに罪深いという点が引っかかったのです。一方で、罪深いから神様に導かれ、許されて、幼子のように抱かれるのは、それはそれで安心だとも思ったりしました。

私も八重さんのように、あるいは『明治人の姿』（小学館１０１新書）で描いた長岡藩の家老の娘、杉本鉞子《えつこ》さんのように、キリスト教に改宗してもおかしくない環境にはあったのですが、やはり洗礼を受けるところまでは行きませんでした。

宗教の現場で感じたこと

仕事でも、宗教を取材したことは何度もあります。「きょうの出来事」で、日本の宗教特集をしたことがありました。天理教、立正佼成会や創価学会などの取材です。

そこでまず感じたのは、宗教と音楽は切り離せない、ということです。キリスト教の教会でも讃美歌のもつ力はとても大きいと思います。三枝成彰さんによれば、教会の牧師さんや尼さんは音楽的素養がなければ務まらないそうです。人の魂を癒すような声で美しく歌い上げ、お説教も耳障りな声ではなく、受け入れられやすい声でするよう、練習するのだそうです。

宗教と音楽の密接な関係を特に実感したのは、天理教の取材でのことでした。天理教では、歌いながら踊ります。それがすごく気持ちいい。なんて穏やかな、と感じ入るような踊りであり、歌です。

天理市の本部にはお堂があって、そこでお祈りをします。日の出の時刻から、お父さん、お母さん、お爺さんお婆さんも孫たちも一緒にお祈りをするのです。続々と集まってきた信者さんが、みんな揃って手踊りをする。小さい子も、おじいちゃまも、おばあちゃまも踊ります。みんなの気持ちが溶けあって、歌声と一緒にハーモニーを醸し出して、まるで天に昇って行くようでした。ああ、こういう雰囲気はいいなあと思い、私は天理教に親しみを抱きました。

天理教の教会は、廊下もお堂も隅々まで、つるつるに磨かれています。どんな偉い人でも床を磨くことが修行だそうです。自分の足元、人様が足で踏んで行くところを這うようにして磨くのです。

禅宗でも、お寺の修行に入れてもらいたいときには、門前の地面に頭をつけて何日も何日も過ごすといいます。人が歩いて行く砂利道にずっと坐りつづけ、地面にひれ伏しつづけるわけです。天理教の床磨きも同じでしょう。自分を限りなく謙虚なところに置いて、世俗の権力や財力からできるだけ切り離して、己を見つめる。そこから魂の救いや他者への本当の思いやりが生まれてくる、という思想ではないかと思います。実際に私たちが歩く廊下を、立派な大人が一所懸命磨いていました。天理市に生まれていたら私は天理教の信者になったかもしれない、と思ったくらい、穏やかな気持ちを抱きました。

　創価学会は、またがらりと変わって、青年部の人たちが鉢巻をして横断幕を掲げ、熱狂的でした。お堂に集まった人たちがお題目を唱えます。南無妙法蓮華経の合唱が高まっていき、高揚の頂点で、一斉にお辞儀をします。信者さんたちの燃えるような信仰の熱意と「南無妙法蓮華経」のお題目のリズムが溶けあって、信者さんに元気の素《もと》のエネルギーを与えています。立正佼成会は、これまた穏やかな風情の中にありました。

　宗教は人の魂を救い、苦境にある人を救いますから、どの宗教も私は尊いと思います。日本人の宗教観は、どこかの宗派に属しながらも、自然の摂理としての神を感じとり、その大きな秩序の中に自分自身を位置づける、ということではないかと感じています。その意味では、神道が基本なのではないでしょうか。

「神頼み」をしない私

私は神社のすぐ脇に住んでいますから、ほとんど毎日のように、神様にお礼を申し述べつつ暮らしています。身内が病気になったら平癒を祈ってお札を受け、どこであろうが神社の前を通りかかったら参拝します。夜、休むときには、今日一日、無事にすごせたことを神様に感謝します。

周囲の人たちの健康をお守りいただきたい、という意味で、神々に祈りを捧げています。すぐ近くの稲荷神社さんには、ご近所のよしみで、厚かましくも、いろいろお願いごとをします。他の土地の神社仏閣を訪ねたときは、無事に過《すご》させていただいていることの有難さに感謝します。とくに何に対してということではなくても、心の底からの感謝の祈りを捧げます。これは至極単純な宗教観です。

ただ、どうにもならないような問題を、神様お願いします、解決してくださいという、いわゆる神頼みはしません。自分でできるだけのことをした上で、どうぞこれがうまく展開してくれますように、と祈ることにとどめています。

感謝の気持ちとしてのボランティア

感謝の気持ちは、宗教観に行きつくだけでなく、ボランティア活動にも向かうでしょう。私も本当にささやかな形でボランティアをしていますけれども、それはボランティアというより、自分のためでもあると思います。

たとえば国基研の活動も、民間憲法臨調の活動も、私の信ずる方向で社会や国を変えていってくれる力になります。それは私にとって、この上ない喜びですから、ボランティアといっても、やはり自分のためでもあるのです。

東日本大震災の後、福島をよく訪ねています。「義を見てせざるは勇なきなり」です。これをしなければ私の生き方ではなくなるという気持ちです。自分らしく生きるための行動です。誰のためでもなく、第一義的には自分自身が自分を信頼するための行動です。

それが結果として、誰かの背中を少しばかり押してあげることになったり、勇気づけることになってくれれば、望外の喜びです。

日本の宗教は寛容なのか

私の実家の宗旨は、前述したように曹洞宗です。お墓参りにも行きますが、そう頻繁には行けませんので、亡くなった兄の遺骨は分骨して、自宅で毎日手を合わせています。お水をあげ、兄の好きだったお菓子をあげ、線香をたいてお花を活けます。

社交上の礼儀で、信仰については聞いてはいけないと言いますが、私自身は信仰について尋ねられることを厭いません。それは私が日本人で、日本の宗教が極めて寛容だからではないかという気がします。

ヒンズー教、イスラム教、キリスト教の人々には、日本人にはない非常にセンシティブな宗教観があります。それは中東の状況を見てもわかります。イスラエルとアラブ諸国のせめぎ合いの激しさも、同じアラブの人々の間でも宗教が異なる場合は、とても微妙な部分があります。社交の場では当然、信仰の話はしない方がよいでしょう。

他方、神道と仏教とが融合した日本では、自然への敬いを基本に宗教観が形成され、自然体でいられます。そんな私たちは幸せだと思います。

死とは悲しみではなく、充足だ

人間が限りある存在であることは言うまでもありません。

この世に生まれ、生きて暮らし、そしてやがて死んでいきます。

親しい人、愛する人との別れは辛いものです。しかし、人間の死は、本来そういう辛さや悲しみではなく、喜びに充ちた、満ち足りたものではないか、と感じるようになりました。

江藤淳さんが書かれていますし、柳田国男さんも書かれています。

日本では死者と生者が同じ風景を見ている、と。

亡くなった人の魂は日本の上空のどこかに浮遊しておられて、生きている私たちを見守っていてくださる。この上なく温かい気持ちで、日本に幸あれと、また生者が自分本来の人生を生きられるように、安寧に幸福に恵まれるようにと、見守っていてくださると思うのです。私たちを見守って下さっている先人たちの魂は、とても満ち足りているに違いありません。魂自身が辛さや苦しみの中にいるのでしたら、見守ることも難しいでしょうから。

ですから日本人の死というのは凄く幸福な、喜びに充ちたものだと思うのです。そういう精神世界をつくるよう助けてくれるのが日本の宗教なのではないでしょうか。

第7章　107歳の母を看取って――「家族」とは

二〇一二年十月に私のたった一人の兄、昭弘が七十歳で亡くなりました。

私が中学生のころから兄は全寮制の高校に入り、その後、私はハワイ州立大学で学びましたので、兄と一緒に暮らした時間は、考えてみればあまり長くはなかったのです。けれど、私たちはとても仲のいい兄妹でした。離れていても兄は毎日のように電話をかけてくれました。

兄を喪って思ったこと

一度の例外はありますが、私は人生の行程において、兄にすごく頼ったということがありませんでした。何とか自立して生きてきたと思っていました。けれど、たったひとりの兄がいなくなってしまうと、「寂しさ」などでは表現できない、まさに表現しようのない気持ちに襲われました。仲良くしていた肉親がいなくなるというのはこういう生身に迫る喪失感なのだと、実感したのです。ついこの間までとても明るい性格でそこにいた兄が、お骨になってしまった。信じ難くも生々しい感覚です。

存在した人が、いなくなった。ほんとうにいなくなった。頭の中で理解している死と、実感として受け止める死は違います。人はいつかは死んでいきます。肉体は滅びて、お骨となります。ものいわぬ存在になるのです。当然わかっていますが、そうしたことの実態、残された側の喪失感の深さは、なかなか表現できません。

ガンを患って闘病した兄の四年間を、ずっと見てきました。病状を振り返ると、あのとき兄の肉体は、そして兄の精神はこういうふうに闘っていたのだと、後から感じたことがいくつかあります。けれど、その時その時に、私はきちんと状況を把握していたのだろうか、健者としての鈍感さゆえに、兄の気持ちを真に理解することができていなかったのではないかという想いが残ります。

兄は闘病中、たった一度、二人きりのときにこう言いました。

「それはねぇ、死ぬのを考えると、こわいよ」

たった一度だけ、兄はこう言ったのです。

そのとき私はなぜ、おろおろと涙を流さなかったのか。兄と一緒に涙に包まれなかったのか。兄の手を取り、病気ゆえにいつも冷たい兄の手を私の手であたためながら、なぜ伝えなかったのか。「お兄さんが死んだら、私も悲しい。本当に悲しい」と、心の中の想いをなぜ表現しなかったのか。そのように感じ続けています。

けれどそのときの私は死を悟ることができなかった。兄も、そのときを除いて、弱音を吐いたことはありませんでした。家族や兄の友人たち、どなたに聞いても、兄は弱音を吐くどころか、本当に病気だとは思えないほど、明るかったと言います。

そのような兄だっただけに、明るさや屈託のなさの中に、ぐっと押さえ込んでいた心を、もっともっと知って、兄の気持ちに寄り添えれば、どれだけ兄も嬉しかったことでしょう。亡くなった後にそう思わずにいられませんでした。

兄に対してそういう体験があったために、母に対しては、そういう思いはしたくない、と心に誓いました。

「明治の日本人」だった母

母の以志《いし》は明治四十四年生まれ。平成三十年に百七歳で亡くなりました。

新潟県中魚沼郡の山村に五人兄妹の長女として生まれたのですが、妹たちが近隣の農家に嫁いでいくのを見ながら、母は、まだ見ぬ世界に羽ばたいてみたいと思っていたようです。「自分で生きていくには技術を身につけなくてはならないでしょ。上野に女学校があって、そこでパーマの技術を習い美容師になろうと思ったの」と。そして実際、当時一財産だったはずの着物を売り払って、二十一歳でその女学校に入り、美容師の資格を取ったのです。

その女学校で出会ったのが松尾さんという方でした。母の母親ほどの年齢の女性で、ご夫君が台湾でレストランとバーを中心にしたサロンを経営していました。姓だけで、お名前がどうしても想い出せないのですが、松尾さんは台湾のサロンに美容室を設けたいと思い、勉強に来ていたのです。母は、松尾さんにずいぶんと可愛がっていただき、彼女に連れられて台湾に行くことになりました。

そんなある日、松尾夫妻に父を紹介されます。父の一目惚れだったようです。二人はベトナムのハノイに新居を構えました。

母にとっては父の強引さに押し切られるような結婚だったのですが、日本の敗戦とともに引き揚げて、日本で暮らすようになったとき、父は私たちとは別の世界を外につくるようになりました。

こうして父母は長い別居生活に入りました。しかしそんな困難に陥っても、母は「何があっても大丈夫」と自分にも私たち子供にも言い聞かせ、自分自身の道を切り拓いていったのです。旺盛な自立心に富む、まさに「明治の日本人」でした。

その母と、晩年の十二年半、自宅で過ごしました。十二年以上ですから本当にさまざまなことがありましたが、母と一緒に暮らした日々は、私にとって、かけがえのない時間でした。

母が倒れる

母が倒れたのは、二〇〇五年十月です。当時、母は、千葉の兄の家に住んでいました。たまたま運ばれた千葉の救命救急センターが、脳外科医が多数在籍するとてもよい病院で、難度の高い手術をすぐにしてくれました。母はその点、幸運だったと思います。それでも自分で身体を動かすことはできず、寝返りさえ打てなくなりました。倒れた時点では、言葉はまだ出ていましたが、翌年に髄膜炎を患ったことが原因で言葉が出なくなったのです。要介護5の認定を受け、医師からは「自宅で看るのは難しいでしょう。病院か施設に入ったほうがいい」と言われる状況でした。

病院や施設には絶対に入れないという気持ちが私にはありましたが、それでも家族の意見を聞くのが大事だと思い、兄と一緒に、病院をいくつか見学しました。母にとって一番いいのは、それまでと同じように、兄夫婦と三人の孫たちとで一緒に暮らすことです。しかし兄嫁の負担が重いことは、目に見えています。兄は、せめてなるべく近くと考えて、千葉の病院を選んで見学に行ったのですが、兄にも、気に入るところは見つかりませんでした。

そのほかの病院や介護施設もいくつか見学しました。ところが、現場を見れば見るほど、暗い気持ちになるばかりでした。聞けば、夜間は二人のスタッフで数十人のお年寄りのお世話をするなど、常識的に考えても、とてもきつい態勢で凌《しの》いでいるのが現実でした。それでは満足に目が行き届くわけがありません。

親は娘と暮らすのがいい

母をどのように守っていくのか。これまで通り、兄の家で暮らすのか、それとも私が引き取るのか。改めて兄夫婦と相談をしました。兄は千葉で暮らしてもらいたいと言っていましたが、義姉は、現実を見るととても無理だという考えでした。家の間取りやスペースの問題、介護の人たちが出入りする、つまり第三者が始終自分の暮らしの中に入ってこざるをえないということなどに、耐えられそうにない、ということでした。そこで自然に、私の所に来てもらうことになりました。

そうした相談ややり取りを通して、つくづく感じたことがあります。それは、親の介護をするときに、息子とそのお嫁さんが引き受けるのは、やはり難しい面があるだろうということです。実の娘のほうが、構えないで一緒に暮らせる気がします。

その娘が結婚していようがいまいが、親は娘と一緒に住むのがよいと思います。そのほうがしっくりくるようです。そう言うと、息子のお嫁さんが悪いように思われるかもしれませんが、そうではありません。お嫁さんはお嫁さんで、自身の親を見ればよいわけです。そういう、人それぞれのつながりを考えて、上手に老後をすごすのが一番です。

母との約束

兄夫婦と孫たちと一緒に住んでいた頃の母はとても元気で、毎日二時間、踊りのお稽古をして身体を鍛えていました。毎年、七月七日の誕生日には百人ほどのお客様を招いて、日本舞踊を披露するほど、前向きで明るく健康な人でした。楽しいことが大好きな人でした。ですから、くも膜下出血に倒れるなどとは母は夢にも思っていなかったはずです。

その頃、母は二〜三日、あるいは一週間、一人でよく私の家に泊まりに来てくれました。母と旅行もよくしました。国内も海外も本当にいろいろなところに行ったのです。

つまり、別々に暮らしていましたが、一緒に過ごすことはしょっちゅうありました。そして兄の家で暮らしていても、娘にだけ打ち解けて話せるということもあるのが人情で、現実でもあります。そんな状況の中で、私は母とひとつの約束をしていました。

ある日、母が私のところに泊まりにきて、夕食後に二人で話していたときのことです。

私が母のことをどれだけ好きかというベタベタした話をし、母がとても嬉しそうに反応して、二人で盛り上がりました。その時、母に言いました。

「お母さん、何の心配もしなくていいのよ、お母さんが病気になったりしたら、私が全部引き受けて、大事に面倒見ますから大丈夫よ。大船に乗った気でいてね」

すると、母がすごく嬉しそうに、返事をしたのです。

「よしこちゃん、ありがとう。よろしくね」

母はとても大きく微笑みました。その目がほんの少し、潤んでいました。

ですから母が倒れたときから、母を引き取ることは、私の中で当然のことになっていました。

今日できたことに感謝しよう

幸いだったのは、母が倒れる一年ほど前に初めて自宅を建て、それをバリアフリーにしていたことです。これはすべて春山満さんのおかげでした。

春山さんは、二十四歳のときに進行性筋ジストロフィーを発症して、首から下の運動機能を失いました。車椅子生活になったのですが、福祉関連の会社を経営していました。彼は私を「姉さん」と呼んで、家族ぐるみのお付き合いでした。

その春山さんが老後に備えた家づくりを勧めてくれたのです。独り身の私を案じてのことでした。

玄関から家の中まで段差がないのはもちろん、二階へ上がるのにエレベーターをつけ、トイレも広くして車椅子で入れるようにしました。お風呂も、椅子に座ったまま持ち上げて横にスライドさせて降ろせば湯船に入れる。すべて春山さんから「年を取ったら、こういう設備が必要になるかもしれない」と勧められた通りにしました。そんな備えが整ったところへ、思いがけず母を迎えることになったわけです。

私の気持ちをうんと前向きに変えてくれたのも春山さんでした。

活動的だった母が不自由な身体になったことは、私にとって悲しい出来事でした。でも春山さんに叱られました。

「櫻井さん、それは違う。失われた能力を嘆いたってしょうがないんだよ。お母さんにはまだいろんな能力が残ってるんだから、そこを引き出してあげたらいいじゃないですか」

ご自身が、そうやって生きてきたのです。昨日まで杖をつけば歩けていたのが今日は歩けない。昨日まで階段を上がれていたのが、上がれない。そうなったらもう元には戻れないという、他人から見れば本当に辛い体験をしてきたわけです。春山さんの妻、由子さんもよく言います。

「彼も私も、後ろを振り向く余裕なんてなかったのよ。とにかく今日何ができるか。明日もできるとは限らないから、今日できたことに感謝しよう。そういう思いで生きてきた」

惜しいことに春山さんは二〇一四年、六十歳で亡くなりました。

春山さんはいつも、

「身体が動かないからといっても精神はちゃんとしているのだから、変な同情はしないでほしい」

とおっしゃっていました。

母も同じだと思いました。身体が不自由で、言葉で意思表示ができなくても、頭はしっかりしているのですから、赤ちゃんみたいに扱ったり、変にベタベタした同情はしない。母の意思をきちんと確かめることが大事だ、と。母は食事でも、気に入らないものはペッと吐き出したりしていたからです。

お年寄りに対して、私たちは知らず知らず不遜になりがちです。お手伝いが必要な人には、手を引いたり支えたりする必要があるけれども、それは肉体面のことです。精神においては、尊敬して接しなければいけない。自立した大人として接することが、その人の精神を支えるからです。

仕事も介護も

ただ母を引き取ることで、私にも不安があったのは事実です。

何より心配だったのは、何か緊急事態が起きたとき、どう母を守り得るのか、ということでした。熱が出たり発作が起きたりしたときに、どんな医療体制が自宅でとれるのか。ですから、最初はしょっちゅう訪問医の英《はなぶさ》裕雄先生に電話して相談していました。

親御さんの介護をされる方はおそらく多くの方がそうでしょうが、すべてが初めての経験です。また、自分がしっかりしなければいけないという気持ちが先行し、必死になりがちです。

母を引きとってからの私もどのくらい頑張ったでしょうか。そのときから、仕事と介護の二つに挑戦することになりました。

自宅は仕事場を兼ねていますので、仕事の合間合間に、母の介護をするつもりでした。母は自力では寝返りも打てないため、二十四時間体制で見守る必要があります。また、誤嚥性肺炎などを起こさぬよう、食事も喉に通りやすく、しかも栄養バランスまで細心の注意を払ってつくらなければなりません。私はとにかく持てるだけの力を振り絞って頑張りました。

食事は、健康な大人のためにつくるのとは大違いです。まず栄養のバランスが大事です。病人ですから消化がよいように、柔らかくしなければいけません。けれど、柔らかすぎてもよくありません。食事をきちんと摂ることが体力の源泉ですから、食べてもらえるような内容の献立をつくらなければなりません。

いろいろ考え併せて料理をつくるのは、私の場合、とても大変でした。一所懸命考えて献立を組んでいたつもりが、気が付いたら、いつも似たような、同じような料理ばかりになっていました。

元気な人にならば「我慢して食べなさい」とも言えますが、病人に「我慢しなさい」とはとても言えません。だんだん、寝ても覚めても献立のことばかり考えるようになっていました。明日の朝は何をつくろうかと、夜休む前から考えます。お昼すぎには、もう夕食のことが気になります。決まらないうちは落ち着きません。

ついには、メニューを考え、食事をつくる合間に仕事をしている、というふうになっている自分に気づきました。私はただでさえ筆が遅いのに、これでは仕事が成り立たなくなります。しかし、母に不自由のないように環境を整え、きちんとお世話をしていくには、お金もかかります。経済的な負担というい方は好きではありませんが、そうした支出を他の誰かが担ってくれるわけではありません。そのためにも、私がしっかり働かなければ、物事は回転していきません。

自分が倒れたら元も子もない

ある時、いくらひとりで頑張っても、自分自身の生活を整えなければ、私自身が参ってしまうことに気がつきました。私が倒れたら、元も子もありません。

それならばこんなに悩んで、メニューを思いつくまで眠れずに、その結果、仕事が遅れに遅れてしまうくらいなら、料理上手な人を一人雇えばいいのだと思いついて、人を探しました。発想の転換です。

母の部屋で一緒に寝て睡眠不足になってしまうのも、よくないと分かりました。そこで母には泊り込みでお世話をして下さる介護士の方をつけ、夜は基本的に介護のお手伝いさんに任せて、自分の部屋で休むようにしました。

お料理上手の大森享子さんが母の食卓を整えてくれるようになって、母もずいぶん嬉しかったと思います。やはり餅は餅屋です。食べやすく美味しい料理を次から次に工夫して、それまでのメニューと違うものがどんどん出てきます。見た目もきれい。結果的に、母も私も大いに助かりました。

私が母のそばにいられないときは秘書の鈴木麻也さんと池田葉子さんがしっかりついてくれました。

週末は十八歳のときからの親友の大谷和子さんが母を楽しませてくれました。時々、千葉の義姉の弘子さんと、孫の慶、清由、裕行、曾孫の大洲君も来てくれました。仕事、家、母のことまで繊細に目配りしてくれる経理の浅野益男さんも心強い存在でした。

私のケースがかなり恵まれていたことは重々承知しています。でも、お料理の人を頼むことができなくても、介護施設や給食センターの利用を含めて、工夫の仕方はいろいろあります。いまは、小さな缶詰で使える食品が豊富にあります。里芋を上手に柔らかく煮たもの、お魚も骨まで食べられるように柔らかくしたもの、お豆の煮物など、本当にさまざまです。それらを何種類か買ってきて組み合わせるのもいいでしょう。

母のような高齢の人の食べる量は、ほんの少しです。食べやすいおかずを少量で何種類もつくるのは、意外に手間がかかりますから、このような市販の食品を上手に利用できれば、それ自体が〝戦力〟になります。少量な分、器はできるだけ美しいものに盛りつけました。何種類かのおかずや、おつゆ、そしてデザート、お茶や紅茶、またはコーヒーなど、母の分量に合わせてよそってみますと、お雛さま用の食事のようでした。

表情と笑顔で会話

言葉が出なくなった母とは、表情で会話をしました。私が言葉をかけると、母は表情で答えてくれる。それが実に生き生きとしていて、嬉しかったものです。

朝は五時半頃までには起き、まず母の部屋へ行って、挨拶をするのが日課でした。まだ意識が百パーセント覚醒していない半覚醒状態のとき、母はいつもとても穏やかな笑顔を見せてくれました。とてもいい笑顔です。完全に目覚めて意図的につくってくれる笑顔とは違って、自然に母の心や気持ちが表現されている天使のような笑顔でした。

言葉が出ないだけに、普通以上に心を砕いて、母の気持ちを読みとり、その気持ちに応じなければならないのに、私は、母が物を言わないことをよいことに、自分勝手な流儀でお世話をしているのではないか。介護の専門家もいて、お料理の仕度をきちんとしているから大丈夫と、思いすぎていないか。いちばん大事な、娘として母と心を通わせることが不十分なのではないか。そうやって自分の言葉や態度を省みるようにしました。できるだけ、ゆっくりした時間を母と共にすごすようにも心がけました。

母にとっての時間の過ぎ方は、私たちとは違っていました。言葉が出なくなった母に対しては、ゆったりとそばにいて、よくよく気持ちを確かめることが大事ですから、できるだけの時間を母のそばで、母の視界の中で過ごしました。

まずベッドの横に腰かけて、「今日は何月何日の何曜日よ」と説明して、「庭の桜が満開になった」とか「九州で大きな地震が続いて大変なのよ」とか、その時々の話をゆっくりとしました。それでも私の日々は、かなり忙しい。一日中家にいても、資料を読んだり、原稿を書いたりすることは、やはり書斎でなければ集中できません。

　そこで私は母に言います。

「お母さん、今日は、よしこは一日中、お家にいますからね。一日中、お母さんと一緒ですからね。お母さんのこのお部屋の真下の、よしこの勉強部屋にいますからね。よい一日にしましょうね」

　こう語りかけて、私は書斎にこもります。

　夜は基本的に介護の方にお任せするにしても、母のベッドは大きく、私が一緒に並んで寝ることもできます。ときどき母のそばに横になって、その日のことや、いろいろなことを話しているうちに、本当に寝入ってしまいます。お手伝いさんに起こされるまで、ぐっすり眠ってしまうこともあります。母にとっては少しばかり窮屈かもしれませんが、私にとって安らぎのうたた寝でした。

　また、往々にして、出かけなければなりません。そんなときには、母に挨拶をして出かけました。

「お母さん、よしこはこれからお仕事ですからね、行ってきます。できるだけ早く戻りますが、よしこが帰るまでお家を守っていてね、お願いよ」

「お食事をよくしてね。寒くないようにしてね。じゃあ行ってきます」

こう言うと、母はよい顔をしてくれません。横を向いてしまうこともありました。こういう時は、本当に申し訳ないと思いつつ、時間に追われて出かけたものです。

ですから、出かけなければならないときも、早めに挨拶にいくようにしました。母は私の外出自体が気に入らなかったのでしょうが、急いで外出するより、時間の余裕をもってゆっくりと母に挨拶してから出かける方が、ずっと前向きに受け止められるようでした。

忙しいスケジュールで暮らしていると、よほど注意しなければ、あたふたと出かけることになってしまいますが、反対に、時間の余裕をもたせるべく努力すると、意外な喜びが生まれるのです。「ああ、お母さんもわかって下さっている」と感じられれば、私は勇気百倍でした。

仕事中も、母の部屋には日に十回ぐらいも顔を見に行きました。お手伝いさんもリハビリの先生も、私が行くと母の表情が違うと言ってくれました。やっぱり娘は特別なんです。

母との生活から学んだこと

母との生活は、私に多くのことを教えてくれました。

最初は完璧を心がけました。たとえば、布巾は使ったたびごとに消毒しました。私が母をお世話するのだ、という気持ちで、相手は病人ですから、どんな細かいことも見逃さないようにと、肩に力が入っていました。

でも、あまり頑張ると、当然ですが、疲れてしまうのです。これでは駄目です。ですから、なるべく普通のペースで暮らすようにしなければいけない、とまもなく気づきました。私がへたってしまえば、周りもへたります。私が疲れてしまえば、母も笑顔を失うかもしれません。であるなら、小さな失敗なんて気にしない！　と、ある時、決めたのです。

今日の食事をうまくつくれなかったとしても、それをくよくよ悔いて完璧主義を目指してもしょうがありません。

「今日のお肉は硬くなりすぎてごめんなさい。明日はちゃんとしますからね」

と言って、謝ります。好きなお肉なのに食べてくれず、お腹が充分でないようなときは、母の好きなドラ焼きを追加して、お腹を満たしてもらいます。いい加減かもしれませんが、そのくらいの幅をもつことの大切さを学びました。

最初に決めた方程式通りにしようと思っても、なかなかうまくいかないときは、開き直っておちゃらけることを自分に許すのです。

基本はしっかりやるように努力しても、どうしてもできないときは、「ごめんなさいね」と言って許してもらう。お食事は毎日毎日するわけですから、今日失敗したら次の日にうんと挽回する、というくらいの気持ちでいるのがよいと思います。

十年以上前のことですが、お母様のお世話をしていた女性のタレントさんが、お父様の墓前で自殺したことがありました。妹さんがいらしたそうですが、お母様の介護は姉であるその方がされていたようです。本当に悲しい事件でした。たぶん自分ひとりで背負いすぎたのでしょう。そのお母様も、妹さんも、どれだけ悲しい思いをしたことか、何より命を絶った方はどれだけ辛かったか、気の毒でなりません。あまり無理をして自分を追い詰めないほうがよいと思うのです。

介護人材の問題

食事づくりをお願いしている方も、母の面倒を見て下さるお手伝いさんも、すごくいい方たちに出会えて私たちは本当に幸運でした。信頼できない人だったら、心配で眠れません。

九年間お世話をしてくださった方が、ご自分の旦那さんのお世話が必要になって辞めたあと、次のいい方に巡り合うまでは大変でした。

高齢化社会では介護の人材が大きな問題だと、身をもって知りました。ケアマネージャーから紹介されて面接やお試しに来るプロの中に、驚くような人が少なからずいたからです。

私はいつも、「母の部屋にいてテレビを見てもいいし何をしてもいいけれども、常に視界の中に母を入れていてね」とお願いしていました。ところが、とても優秀だという触れ込みだったある方は、母のベッドを背もたれにして、母に背を向けて座って携帯ゲームをしていました。しかも初日に、自分の同僚があるお宅でご主人が金庫を開ける数字を盗み見して、四千万円もの現金を盗って逃げたと言ってケラケラ笑うのです。私は驚いて、この方には一日分のお給料を払って、すぐに辞めていただきました。

また別の方は、安くない基本料金に加え、「夜中に起きてお下《しも》の世話をする場合は、二回に限ります。その分は追加料金をいただきます」。合計すると一晩で三万円以上、このような金額を払える家庭はそうあるとは思えません。

個人が自分の財布から払うのなら一晩三万円強なんて無理です。こういう値段設定にはなかなかならないと思うのです。ある時期から介護料金が急に高くなったように感じました。これは、介護保険からたくさんのお金が注ぎ込まれていることの弊害も、或いはあるのではないでしょうか。

また、いいなと思える施設があったとしても、そうしたところは驚くほどお金がかかります。入居金だけで数千万円。加えて月々の費用は数十万円もかかる。最終的には億単位のお金が必要な世界です。人生は結局、自己責任ですから、余裕のある人が喜んで入れる施設もあるのがよいと思いますが、どういう人にどういう報酬を払って、どういう支援をしてもらうか、その報酬は誰が払うかは、とても大切かつ現実的な問題です。

娘だからこそわかること

お金以上に大事なのは、心の問題です。私が留守のとき、夜中は二回しか起きませんと言う人に母を任せられるか。そんな人に介護してもらって母自身がどう感じるかということです。介護の現場では心の問題こそ、とても大事です。

私は、年老いた親は、娘がいるなら娘と一緒に過ごすのが理想的だと先に書きました。そして本当にそう思っています。

どんなに優秀な介護の人でも踏み込めない限界があるように、お嫁さんにだって遠慮があります。その点、実の娘は何の隔たりもなく、親のためにやるべきことをやれます。

実際に母を巡るいろいろな問題について、娘の私が決定し、「責任を持ちます」と言えば、周りは安心します。誰も責任を持たなかったら、「じゃ、やめておこうか」という結論にしかならず、母も消極的な生き方しかできなかったかもしれません。

実際に、母娘だからこそわかる感覚があるのです。

たとえば、どのような佇まいでいたいかという問題です。自分で動けなくなっても、きちんとした居住まいでいたいと、母は望んでいるはずです。

その頃の母は総入れ歯でした。病気になってしまったときに病院は入れ歯を外して、それ以降、入れ歯を入れてくれませんでした。しかし歯がないと顔の表情は変ってしまいます。すっかりおばあさんらしくなってしまうのです。これは母の望む自画像とは全く違うと思いました。

そこで入れ歯をつくってくださった先生に来ていただいて、

「どうしても母に入れ歯を入れたいのですけれど、この入れ歯がいま歯茎に合っているのかよくわからないので、先生が点検しながら入れてください」

とお願いしました。そうやって入れ歯を入れてみると、母の状態がみるみる良くなっていきました。私は娘として、母が入れ歯なしで過ごしたいとは絶対に思わないだろう、と確信して、入れてもらったのですが、これは本当に正解だったと思います。

きちんと歯が入ったために、母の食事はどんどん進みました。

しかし母のような発作を起こし、大病し、そのうえ、髄膜炎を患った人には、基本的に口からものを食べさせないのが介護の常識だそうです。専門家であればあるほど、誤嚥を恐れるのです。

けれど、母を見ていて、私はそれほど恐れてばかりいる必要はないと思いました。

ある日のことです。献立に湯葉がありました。掬い上げたばかりの柔らかい湯葉に山葵醤油をちょっとつけて食べるのが、母は大好きでした。ですから私は、比較的小さな湯葉を母のお口にポンと入れました。母が美味しそうに食べたので、次にもうひと塊りをお口に入れました。こうしてどんどんお口に運びました。

ベテランの介護の方たちが驚いて言いました。

「こんな乱暴なこと、いいのですか」

「大丈夫ですか」

と心配しています。食べることはとても大事なことです。美味しいもの、好きなものはどんどん食べてほしい。食べることこそ、体力の源泉です。

私は、

「大丈夫」

と答えて、続けました。

結果として、口からものを食べるということが、とてもよい効果を生み出しました。

食事とお酒を楽しむ

母は、お肉からお野菜までバランスよく食べました。大好きなマグロのトロは三切れくらい。甘海老なら六匹くらい。ステーキも大好きで、トントン叩いて柔らかくして、朝から食べる。忙しくておにぎり一個で食事が終わることもある私より、よっぽど豊かな食事をしていました。血液検査をすると、母は私より栄養状態がよかったりもしたものです。

梅酒も好きなのでオンザロックでときどき飲んですごくご機嫌になっていました。何でも楽しめるようにと、小さな江戸切子のグラスや九谷をはじめ美しい小振りの食器を、母専用に揃えました。

母は、二〇〇五年に倒れるまで、大病をしませんでした。入院したのはお産のときと、バス旅行に行って転んで、おでこを怪我したときぐらい。明治の人ですから、規則正しい生活を送り、健康的な食事で、ほどほどにお酒を飲む。苦労は当然あったのですが、いつも朗らかで、後ろを振り向かない。人のことを悪く言わない、思わない。そういう性格も、長寿を支えてくれたと思います。

居住まいを整える

元気な頃の母は就寝前の二時間、日本舞踊のお稽古を欠かしませんでした。感動するほどの規則正しさでしたが、二時間もお稽古をすれば汗もかきます。足腰も鍛えられます。そうして九十歳を越えても、重いかつらをつけて、これまた重い衣装をつけて、舞台に立っていました。清元の「隅田川」を踊るとき、最後の方で、東雲《しののめ》の空を仰ぎ見る場面があります。背中を反らして遠い視線で見やり、じっと佇むのです。九十代の小柄な母が、かつらと衣装の重さを感じさせないように、しかし思いっ切り上体を反らして、美しい立ち姿を見せてくれるのです。

倒れる直前までエステにも毎月通っていました。これはなかなかの努力です。ですから私は、母が倒れた後もフェイスマッサージの施術を続けるように調整しました。

そのうちに佐伯チズさんと知り合い、母のお肌の手入れをしてもらうようになりました。

母は佐伯さんの施術を殊の外喜んで、施術の間中、気持ちよさそうにうっとりしていました。髪もツヤがあってフサフサで、美容師さんに定期的に来てもらって、カットしてもらいました。お洒落な人でしたから、毎日きれいな指輪をはめ、身ぎれいでいるように服にも気を遣いました。

居住まいを整えることは大切です。ベッドから起きたら必ず着替えをして、身ぎれいでいるようにしました。髪が乱れていれば整えて、帽子もあつらえました。一日中、パジャマですごすなどということは、発熱して具合が悪いときは例外ですが、できるだけ避けるようにしました。

車椅子でのお出かけもよくしました。川越の菓子屋横丁や房総半島のお花畑までドライブしました。母はライオンが大好きでしたから、富士サファリパークにも行きました。遠出ではなくても、ホテルオークラへは毎週二回、お茶をしに行っていました。車椅子を押して、散歩やお花見にも行きました。気がつくと二時間も三時間も歩いていたりしました。押す側の私たちも、ほどほどに疲れます。母は或いはもっと疲れたかもしれません。けれど母の表情を見ながら按配してのことです。

「病人」ではない

こういうことはやはり娘だからできるのだと思います。病人なり介護を受ける人なりの、一番近い人、母の場合なら私ですが、その人の感覚が大事です。人生は人それぞれで、同じ百歳まで生きても、生き方は同じではありません。その人がどういう人生を生きたいと思っているかが一番大事で、それをよく知っている近親者がその人の身になって考えて実現していくことが重要なのだと思います。

そのようにして母を見てきて二年ほど経ったとき、私は状況の一大変化に突然、気づいたのです。「ああ、もう病人と暮らしているのではない。母は自分で動けなかったり、言葉が出なかったりと、多少の問題はあるけれども、普通に一緒に暮らしているんだ」という感覚が生まれてきたのです。

「病人」ではないのです。「共に暮らす高齢の母」なのです。このように感じるとともに母への限りない尊敬の念が胸の中に湧いてきました。私が母をお世話するのではなく、母が私を見守ってくれている気さえしました。母は私のために、そばにいてくれるのではないか、と。

そして母が亡くなったいま、母は私のために百七歳まで長生きして下さったと感じています。心からそう思い、母に限りなく感謝しています。

家族と過ごすのが一番

母と暮らしてみて、高齢者は家族と一緒に過ごすのが一番望ましいと実感しました。家族の関係性には、他人にはわからない領域が存在します。他人にはわからないその領域に、第三者による介護はどこまで近づけるか。私も他人のお母さんをお世話するような場合、自分の母に対するような思い切った判断はできないかもしれません。

かつての日本社会は大家族制でした。家族の誰かが寝込んだり認知症になったりしても、ほかの誰かが順番にお世話をする仕組みが機能していました。お年寄りは子や孫に囲まれて最晩年を過ごし、そこで文化や価値観の伝承もおこなわれてきました。これは非常に優れた家族のあり方でした。いま急にその頃の家族形態に戻れと言われても難しいものがありますが、日本の伝統的な家族システムを見直す努力はあってもよいのではないかと思います。

現在、少子化や介護施設不足に対応すべく、三世代同居世帯を税制面で優遇する「三世代同居推進政策」が進められています。これは三世代同居が可能な世帯にとっては非常に有効な施策です。皆がみな同居可能とは限らないのが現実ですが、さらなる軽減税率を検討するなど、三世代が同居しやすい環境整備をぜひ進めてほしいと私は思っています。家族が共に助け合える社会の仕組みづくりを税制や法整備で後押しすることは、日本人の価値観に沿っていると感じるからです。

最大の犠牲者は高齢者自身

今、日本は超高齢社会を目の前にして、大きな負担にあえいでいます。国民医療費は四十二兆円を超え、新型コロナ感染症の影響で多くの国民が受診を控えたために一時的に減少したとはいえ、毎年ほぼ一兆円のペースで増加中です。国民一人あたりの医療費をみると、七十五歳未満は約二十二万円なのに対し、七十五歳以上のいわゆる後期高齢者は約九十二万円です。高齢化によって財政支出は膨張しており、医療費の国庫負担は年間約十一兆円、年金、介護などを合わせた社会保障関係費は三十五兆円超と、いまや歳出総額の三分の一を占めるほどです。

苦しいのは国の財政だけではありません。高齢者を抱えた家族、それに高齢者自身にも大きな不安があり、少なくない負担に直面しています。年金の減額、貯蓄の少なさ、介護にかかる費用と手間、仕事との両立のことなど、考え始めれば、前向きに対処しようと努力しても、齢をとるにつれ、不安になります。

私たちの国、日本は戦後、長寿社会の道を選び、寿命を延ばし続けてきました。日本は四季の豊かさに恵まれ、食生活から医療・衛生に至るまで、優れた伝統文化を維持してきました。お年寄りの知恵に学びながら共同体を維持し、文化を継承する仕組みも機能していました。自分を後回しにしてでも困っている人を皆で助け合う「互助の精神」も根づいていました。伝統的な日本は、高齢者に優しい国だったといえます。

ところが、世界有数の長寿国になったとき、老後は必ずしも幸せなものではなくなりました。私たちは「どのようなかたちで長生きするのか？」という根源的な問題を十分考えないまま超高齢社会に突入し、思いがけない矛盾を抱え込んでしまったようです。

超高齢社会が抱え込んだ矛盾の最大の犠牲者は、お年寄り自身です。介護施設ではお年寄りをプライバシーもない大人数の部屋に押し込めているところもあります。介護士の数が足りず、少人数のスタッフで目が行き届かない、お風呂やトイレのお世話もおざなりな劣悪施設は、珍しくありません。また、デイサービスの延長で高齢者を預かる「お泊りデイ」や、民家をそのまま介護施設に転用している例など、脱法的な施設も多くあり、厚生労働省も実態を摑みきれていません。

　虐待も大きな問題です。厚生労働省の調査結果によると、特別養護老人ホームや介護老人保健施設、介護療養型医療施設など高齢者用の介護施設に勤める職員が、利用者を虐待したとする案件が、二〇一四年度の一年間で三百件もあったと報告されています。これは前年度と比較して約三五％増であり、かつ直近の三年間では倍増しています。もの言えぬ高齢者が、まさに社会的弱者になっているのです。

　若い頃は立派な仕事を成し遂げた人々、善き家庭人として子育てや家事を支えてきた人々が、人間性を否定されるような環境で人生の最終期を過ごすのかと考えると、胸が痛みます。表面化したものはごく一部であって、人知れず耐えている高齢者が全国各地にいるのだと思います。

　大半の日本人は、努力して真面目に働いて、子どもを産んで育てて、おじいちゃんやおばあちゃんや親を看取って、この国を支えながら生きてきました。この人たちには、しみじみとした幸せの中で穏やかに生を全うしてほしい。それが最後は老人ホームに行って、ベッドのスペースだけカーテン一枚で仕切った大部屋で、プライバシーもない。そんな施設でも、入れたら幸せという有り様です。これでよいはずがありません。

平均寿命が延びたことばかり自慢しても、高齢化に伴って必然的に生じる課題は放っておかれたままでは本末転倒です。九十代や百歳になった方が悲しい思いをするのなら、長生きしないほうがいいよねという話になってしまいます。

せっかく高齢まで生きられるようになったのだから、もう少し静かな幸福な形で、人生の一番最後の段階を送ることができるような知恵を働かせて、世界に見せたいものです。お年寄りが幸せに生きられるようにしなければ、何のために長寿社会を達成したのかわからない。今の日本を築き上げてきた方々をこのような劣悪な状況に置いたままで、私たち日本人は本当によいのか。また、自分自身もいずれそうなる運命であることに、私たちは納得できるのか。日本人自身がそう厳しく問われているように思います。

自立と共助の精神を取り戻そう

私たちは「老後は国に面倒をみてもらうこと」を、あまりにも当然のこととしていなかったか、ということも大いに反省する必要があります。

老後は年金だけで暮らせるはず、口をあけて待っていればお上が何とかしてくれるといった甘い考えは捨てるべきです。たとえ老後であれ、自分の人生の責任は自分にしか取れないことに気づく時です。他力頼みの人生ではなく、自分の人生は自分で引き受けるという「自立」の精神を、今一度、確かめ直したいものです。

たとえば定年後も収入源を確保する道を現役時代から考えておく、あるいは老後も率先して働きに出るなど、やれることはたくさんあるはずです。自分から能動的に切り開いていかないかぎり、人生の道は開けません。

一方で、私たちは「共助」の伝統を取り戻す必要があります。日本には伝統的な美風として、富める人も貧しい人も、自分は後回しにしてでも他者を思いやる価値観が根づいていました。ところが近年、自分さえよければいいといった精神的な堕落と退廃が目立ちます。また、欧米の富裕層は寄付や社会還元に積極的ですが、対照的に日本の富裕層に慈善行為があまりみられないのは残念です。

高齢であっても責任を果たせる人は果たしていく覚悟が必要です。日本の高齢者はお金持ちで、国内の個人資産の七割近くを持っています。この富をもっと社会に役立ててほしい。余裕のある人には、必要な時は再受給できるという前提で、年金を返上してもらう。なるべく国に頼らず、自分で自分の面倒を見る気風を互いに育てたい。

そして、返還された年金は、若い人に回すべきです。お年寄りに対するケアも大事ですが、これから国を支える若い世代への財政的な支援や社会的な支援は、少子化問題を考えても急務です。

「健康寿命」を延ばすことも有効な対策のひとつです。医療・介護費用の削減にもつながります。

せっかく長寿なのだから

厚生労働省の二〇一三年調査などによれば、一般的なリタイヤ後の健康寿命は、男性でわずか六年、女性でも九年です。一方で、「要介護期間」は男性で平均九年、女性では十二年にもおよびます。これでは、若い頃にどんなに楽しいことがあったとしても、人生の終末期にすべて吹き飛んでしまいかねません。せっかく寿命を延ばしたというのに、長い老後のほとんどが要介護期間では、いったい日本は何のために長寿国になったのかと、悲しくなってしまいます。

幼稚園や保育園で人手が足りないのなら、元気なお年寄りで子どもの面倒を見てもいいという人はたくさんいるのですから、その力を活用してもいい。お年寄りが経済的な余力や肉体的な余力を、社会のために使える仕組みをつくることが大切です。

ピンチはチャンスです。日本だけでなく世界中の先進国が、高齢化の問題を抱えています。すでに日本以上のスピードで少子高齢化が進む中国ばかりか、今は人口ボーナスを享受している東南アジアやインドも、今世紀中には高齢化社会に突入します。もし日本が高齢化社会の問題解決モデルを構築できれば、この分野における先進国になれます。

日本人の幸せのかたち

今、日本では、病院で亡くなる方が七割を超えます。昭和三十年代までは自宅で亡くなる方が七割強でしたから、逆転しました。一方で、

「あなたは自分の一生を家で終えたいですか、病院で終えたいですか」

という問いには、ほぼ八割の人が、

「家」

と答えます。それが本音だと思います。

誰でも最期を自宅で迎えられたら、どんなに幸せでしょうか。

私にとっては、晩年の母と十二年半も一緒に過ごせたのは、かけがえのない幸せでした。

そこで思い浮かぶのは、杉本鉞子さんのことです。明治六年に旧長岡藩の家老の娘とし

て生まれ、アメリカへ渡って『武士の娘』というベストセラーを出し、コロンビア大学の講師も務めた女性です。私は鉞子さんのことを『明治人の姿』という本に書いたのですが、印象に残っているのはお母様の看取り方です。鉞子さんのお母様は、体が弱くなってそろそろ寿命が来そうだなという時、長岡の家を引き払って、東京に住んでいた鉞子さんの元へ出て来ます。他家にお嫁に行っていたお姉さんも引っ越してきて、お母様と娘二人、孫にあたる鉞子さんの子ども二人の女性ばかり五人で、お母様が亡くなるまでの約二年間を過ごすのです。孫たちもお祖母様に付き添って、戊辰の役の体験談などを聞かせてもらっています。こうして古い世代から若い世代へと大切なことが引き継がれていったのです。鉞子さんたちは親愛の情の中で暮らし、実に穏やかにお母様を見送りました。

　昔の日本人はきっと、そうするのが普通だったのでしょう。最後の瞬間まで家族が一緒にいてくれるのは、死にゆく人にとって、一番嬉しいことではないでしょうか。

　私は、晩年の母と丸々一緒にいることができました。そのかけがえのない時間が、それまでの私自身のあり方に、新たな幸せをもたらしてくれました。

　これこそ、私たち日本人が考えてきた幸福のかたちだと思うのです。その幸福のかたちの中で、母に与えてもらった幸福に、私は支えられ、心から嬉しく感謝しています。

櫻井よしこ（さくらい　よしこ）

ジャーナリスト。1945年、ベトナム・ハノイ生まれ。日本に帰国後、大分県中津、新潟県長岡で育つ。新潟県立長岡高等学校卒業後、ハワイ州立大学卒業。英字新聞「クリスチャン・サイエンス・モニター」東京支局などを経て、1980年より1996年まで、日本テレビ「きょうの出来事」のキャスターを16年間務める。2007年、シンクタンク「国家基本問題研究所」を創設、初代理事長に就任。1995年に『エイズ犯罪 血友病患者の悲劇』で第26回大宅壮一ノンフィクション賞を、1998年に第46回菊池寛賞を、それぞれ受賞。

文春新書

1351

迷《まよ》わない。完全版《かんぜんばん》　107歳《さい》の母《はは》を看取《みと》って

2022年2月20日　第1刷発行

著　者　　櫻井よしこ
発行者　　大松芳男
発行所　株式会社　文藝春秋

〒102-8008　東京都千代田区紀尾井町3-23
電話（03）3265-1211（代表）

印刷所　　理想社
付物印刷　大日本印刷
製本所　　大口製本

定価はカバーに表示してあります。
万一、落丁・乱丁の場合は小社製作部宛お送り下さい。
送料小社負担でお取替え致します。

ISBN978-4-16-661351-9

◆日本の歴史

渋沢家三代　佐野眞一

古墳とヤマト政権　白石太一郎

昭和史の論点　坂本多加雄・秦 郁彦・半藤一利・保阪正康

謎の大王 継体天皇　水谷千秋

謎の豪族 蘇我氏　水谷千秋

謎の渡来人 秦氏　水谷千秋

継体天皇と朝鮮半島の謎　水谷千秋

大名の日本地図　中嶋繁雄

決定版 日本の剣豪　中嶋繁雄

あの戦争になぜ負けたのか　半藤一利・保阪正康・中西輝政・戸髙一成・福田和也・加藤陽子

日本のいちばん長い夏　半藤一利編

昭和陸海軍の失敗　半藤一利・秦 郁彦・平間洋一・保阪正康・黒野 耐・戸髙一成・戸部良一・福田和也

昭和の名将と愚将　半藤一利・保阪正康

徹底検証 日清・日露戦争　半藤一利・秦 郁彦・原 剛・松本健一・戸髙一成

日本型リーダーはなぜ失敗するのか　半藤一利

「昭和天皇実録」の謎を解く　半藤一利・保阪正康・御厨 貴・磯田道史

大人のための昭和史入門　半藤一利・船橋洋一・出口治明・水野和夫・佐藤 優・保阪正康他

21世紀の戦争論　半藤一利・佐藤 優

なぜ必敗の戦争を始めたのか　半藤一利

十七歳の硫黄島　秋草鶴次

山県有朋　伊藤之雄

指揮官の決断　早坂 隆

永田鉄山 昭和陸軍「運命の男」　早坂 隆

ペリリュー玉砕　早坂 隆

硫黄島 栗林中将の最期　梯 久美子

日本人の誇り　藤原正彦

天皇陵の謎　矢澤高太郎

児玉誉士夫 巨魁の昭和史　有馬哲夫

伊勢神宮と天皇の謎　武澤秀一

藤原道長の権力と欲望　倉本一宏

江戸の貧民　塩見鮮一郎

戦後の貧民　塩見鮮一郎

日本軍はなぜ満洲大油田を発見できなかったのか　岩瀬 昇

予言者 梅棹忠夫　東谷 暁

火山で読み解く古事記の謎　蒲池明弘

邪馬台国は「朱の王国」だった　蒲池明弘

「馬」が動かした日本史　蒲池明弘

文部省の研究　辻田真佐憲

古関裕而の昭和史　辻田真佐憲

写真で見る日めくり日米開戦・終戦　共同通信編集委員室編

暴かれた伊達政宗「幕府転覆計画」　大泉光一

大日本史　山内昌之・佐藤 優

日本史のツボ　本郷和人

承久の乱　本郷和人

権力の日本史　本郷和人

元号　所 功・久禮旦雄・吉野健一

歴史の余白　浅見雅男

明治天皇はシャンパンがお好き　浅見雅男

皇位継承　高橋 紘・所 功

江戸のいちばん長い日　安藤優一郎

江戸の不動産　安藤優一郎

西郷隆盛と西南戦争を歩く　正亀賢司

姫君たちの明治維新　岩尾光代
日本史の新常識　文藝春秋編
日本プラモデル六〇年史　小林　昇
仏教抹殺　鵜飼秀徳
昭和天皇　最後の侍従日記　小林　忍＋共同通信取材班
令和を生きるための昭和史入門　保阪正康
内閣調査室秘録　志垣民郎　岸　俊光編
木戸幸一　川田　稔
「京都」の誕生　桃崎有一郎
皇国史観　片山杜秀
昭和史がわかるブックガイド　文春新書編
遊王　徳川家斉　岡崎守恭
東條英機　一ノ瀬俊也
信長　空白の百三十日　木下昌輝
感染症の日本史　磯田道史
平安朝の事件簿　繁田信一

◆文学・ことば

翻訳夜話　村上春樹　柴田元幸
翻訳夜話2　サリンジャー戦記　村上春樹　柴田元幸
漢字と日本人　高島俊男
語源でわかった！英単語記憶術　山並陞一
すごい言葉　晴山陽一
危うし！小学校英語　鳥飼玖美子
外交官の「うな重方式」英語勉強法　多賀敏行
名文どろぼう　竹内政明
「編集手帳」の文章術　竹内政明
ビブリオバトル　谷口忠大
新・百人一首　岡井隆・馬場あき子　永田和宏・穂村弘選
劇団四季メソッド「美しい日本語の話し方」　浅利慶太
芥川賞の謎を解く　鵜飼哲夫
司馬遼太郎に日本人を学ぶ　森　史朗
週刊誌記者　近松門左衛門　小野幸惠　鳥越文蔵監修
昭和のことば　鴨下信一
ビジネスエリートの新論語　司馬遼太郎
オッペケペー節と明治　永嶺重敏
世界はジョークで出来ている　早坂　隆
一切なりゆき　樹木希林
天才の思考　鈴木敏夫
いま、幸せかい？　滝口悠生選
英語で味わう万葉集　ピーター・J・マクミラン
歎異抄　救いのことば　釈　徹宗

◆政治の世界

民主主義とは何なのか　長谷川三千子
拒否できない日本　関岡英之
司馬遼太郎 リーダーの条件　半藤一利・磯田道史 鴨下信一他
自滅するアメリカ帝国　伊藤 貫
新しい国へ　安倍晋三
憲法改正の論点　西 修
ニッポンの大問題　池上 彰
日本に絶望している人のための政治入門　三浦瑠麗
あなたに伝えたい政治の話　三浦瑠麗
政治を選ぶ力　橋下 徹 三浦瑠麗
国のために死ねるか　伊藤祐靖
オバマへの手紙　三山秀昭
安倍晋三「保守」の正体　菊池正史
田中角栄 最後のインタビュー　佐藤 修
安全保障は感情で動く　潮 匡人
日米同盟のリアリズム　小川和久
軍人が政治家になってはいけない本当の理由　廣中雅之
小泉進次郎と福田達夫　田﨑史郎
日本よ、完全自立を　石原慎太郎
内閣調査室秘録　志垣民郎 岸 俊光編
軍事と政治 日本の選択　細谷雄一編
兵器を買わされる日本　東京新聞社会部
地方議員は必要か　NHKスペシャル取材班
知事の真贋　片山善博
政治家の覚悟　菅 義偉

◆アジアの国と歴史

「南京事件」の探究　北村 稔
韓国併合への道 完全版　呉 善花
侮日論　呉 善花
韓国「反日」の真相　澤田克己
「暗黒・中国」からの脱出　顔 伯鈞 安田峰俊編訳
ルポ 絶望の韓国　牧野愛博
韓国を支配する「空気」の研究　牧野愛博
「中国」という神話　楊 海英
独裁の中国現代史　楊 海英
劉備と諸葛亮　柿沼陽平
王室と不敬罪　岩佐淳士
キャッシュレス国家　西村友作
性と欲望の中国　安田峰俊
日本の海が盗まれる　山田吉彦
インドが変える世界地図　広瀬公巳
反日種族主義と日本人　久保田るり子

◆さまざまな人生

生きる悪知恵　西原理恵子
家族の悪知恵　西原理恵子
男性論 ECCE HOMO　ヤマザキマリ
迷わない。　櫻井よしこ
それでもこの世は悪くなかった　佐藤愛子
僕たちが何者でもなかった頃の話をしよう　山中伸弥・羽生善治・是枝裕和・山極壽一・永田和宏
続・僕たちが何者でもなかった頃の話をしよう　池田理代子・平田オリザ・彬子女王・大隅良典・永田和宏
安楽死で死なせて下さい　橋田壽賀子
変節と愛国　浅海 保
一切なりゆき　樹木希林
天邪鬼のすすめ　下重暁子
さらば！ サラリーマン　溝口 敦
私の大往生　週刊文春編
昭和とわたし　澤地久枝
それでも、逃げない　三浦瑠麗・乙武洋匡
知の旅は終わらない　立花 隆
死ねない時代の哲学　村上陽一郎
イライラしたら豆を買いなさい　林家木久扇
老いと学びの極意　武田鉄矢

品切の節はご容赦下さい

（2020. 12）C

◆考えるヒント

民主主義とは何なのか　長谷川三千子
寝ながら学べる構造主義　内田　樹
私家版・ユダヤ文化論　内田　樹
勝つための論文の書き方　鹿島　茂
成功術　時間の戦略　鎌田浩毅
世界がわかる理系の名著　鎌田浩毅
ぼくらの頭脳の鍛え方　立花　隆・佐藤　優
知的ヒントの見つけ方　立花　隆
日本人へ　リーダー篇　塩野七生
日本人へ　国家と歴史篇　塩野七生
日本人へ　危機からの脱出篇　塩野七生
日本人へⅣ　逆襲される文明　塩野七生
イエスの言葉　ケセン語訳　山浦玄嗣
聞く力　阿川佐和子
叱られる力　阿川佐和子
「強さ」とは何か。　宗　由貴・監修　鈴木義孝・構成

何のために働くのか　寺島実郎
日本人の知らない武士道　アレキサンダー・ベネット
女たちのサバイバル作戦　上野千鶴子
迷わない。　櫻井よしこ
サバイバル宗教論　佐藤　優
サバイバル組織術　佐藤　優
無名の人生　渡辺京二
生きる哲学　若松英輔
脳・戦争・ナショナリズム　中野剛志・中野信子・適菜　収
無敵の仕事術　加藤　崇
不平等との闘い　稲葉振一郎
70歳！　五木寛之・釈　徹宗
歎異抄　救いのことば　釈　徹宗
プロトコールとは何か　寺西千代子
珍樹図鑑　小山直彦
それでもこの世は悪くなかった　佐藤愛子
知らなきゃよかった　池上　彰・佐藤　優
知的再武装　60のヒント　池上　彰・佐藤　優

死ねない時代の哲学　村上陽一郎
コロナ後の世界　ジャレド・ダイアモンド　ポール・クルーグマン　リンダ・グラットン　マックス・テグマーク　スティーブン・ピンカー　スコット・ギャロウェイ　大野和基編
スタンフォード式　お金と人材が集まる仕事術　西野精治

文春新書

◆こころと健康・医学

愛と癒しのコミュニオン　鈴木秀子
心の対話者　鈴木秀子
人と接するのがつらい　根本橘夫
依存症　信田さよ子
100歳までボケない101の方法　白澤卓二
がん放置療法のすすめ　近藤　誠
がん治療で殺されない七つの秘訣　近藤　誠
これでもがん治療を続けますか　近藤　誠
健康診断は受けてはいけない　近藤　誠
卵子老化の真実　河合　蘭
ヤル気が出る！ 最強の男性医療　堀江重郎
糖尿病で死ぬ人、生きる人　牧田善二
サイコパス　中野信子
不倫　中野信子
さよなら、ストレス　辻　秀一
食べる力　塩田芳享

発達障害　岩波　明
天才と発達障害　岩波　明
帰宅恐怖症　小林美智子
がんはもう痛くない　内富庸介編
看る力　阿川佐和子　大塚宣夫
中高年に効く！ メンタル防衛術　夏目　誠
健康長寿は靴で決まる　かじやますみこ
ヒトは120歳まで生きられるのか　田原総一朗
40歳からの健康年表　荒井秀典編
脳寿命を延ばす 認知症にならない18の方法　新井平伊

◆社会と暮らし

はじめての部落問題　角岡伸彦
潜入ルポ　ヤクザの修羅場　鈴木智彦
臆病者のための裁判入門　橘　玲
女と男　なぜわかりあえないのか　橘　玲
食の戦争　鈴木宣弘
遊動論　柄谷行人
首都水没　土屋信行
水害列島　土屋信行
ヘイトスピーチ　安田浩一
２０２０年マンション大崩壊　牧野知弘
ルポ　老人地獄　朝日新聞経済部
本物のカジノへ行こう！　松井政就
児童相談所が子供を殺す　山脇由貴子
夫のＬＩＮＥはなぜ不愉快なのか　山脇由貴子
子供の貧困が日本を滅ぼす　日本財団　子どもの貧困対策チーム
「意識高い系」の研究　古谷経衡

ブラック奨学金　今野晴貴
対論「炎上」日本のメカニズム　佐藤健志　藤井　聡
医学部　鳥集　徹
秋田犬　宮沢輝夫
高齢ドライバー　所　正文・小長谷陽子・伊藤安海
感動の温泉宿100　石井宏子
日本プラモデル六〇年史　小林　昇
昭和の東京12の貌　文藝春秋編
平成の東京12の貌　文藝春秋編
平成の通信簿　吉野太喜
１９７９年の奇跡　南　信長
日本の海が盗まれる　山田吉彦
内閣調査室秘録　志垣民郎　岸　俊光編
毒親介護　石川結貴
総会屋とバブル　尾島正洋
最強の相続　荻原博子
県警VS暴力団　藪　正孝
女性を美しく見せる「錯覚」の魔法　テート小畠利子

死刑賛成弁護士　犯罪被害者支援弁護士フォーラム
パンデミックの文明論　ヤマザキマリ　中野信子
半グレと芸能人　大島佑介